実践 にほんご指導 見なおし本

【語彙と文法指導編】

編 著
K.A.I.T.

ask

はじめに

　日本語の入り口に立ったばかりの学習者に教える―それは、とても楽しく素晴らしい経験です。彼らは日々、いろいろなことを覚えていきます。そして、目に見えるようにうまくなっていきます。ですが、そのうち、ふとこちらの説明に眉をしかめるような表情を見せることがあります。どうしたのか聞いてみると、「私のトモダチはその会話は不自然だと言った」などと言うわけです。そら来た！　だから素人は困るのだ！　トモダチを連れてこい!!　などと心の中で毒づきながら、顔はにこやかに「階段と同じですよ。少しずつ、のぼりましょう。もっと上にのぼったら勉強しますから心配しないでください」などと、やり過ごすのが常でした。それが、この数年〈コミュニケーション教育〉というキーワードがちまたに溢れ、さて日々の自分の日本語を見なおしてみると、確かに改善の余地はたくさんありそうです。それは、〈言語〉だけでは見えないこと―言語と行動、言語と心、言語と人間関係、など、結局は自分の言語生活を改めて見なおすことから始める必要があることに気付きました。

　ひとつひとつ見ていくと、日本語の教科書には「教える側の利便」が先行していることが非常に多いのに気付きます。それはすなわち「教わる側の利便」にもつながると信じていましたが、そうばかりともいえないようです。

　今回、本書で特に注意したのは、日本語教師が陥りがちな無神経さです。例えば、オフィスで「会議の時間、何時だったかな？」と上司に聞かれて、「さあ、わかりません」と答えたとします。言語的には問題ありません。文法的にも応答としても自然です。こんな会話例に当たると、日本語教師というのはつい「いいですね」などとコメントしがちです。しかし、社会人の言語行動としてはどうでしょうか。もしこの人がアルバイトだったら、真っ先にリストラ対象になるのではないでしょうか。期待される答えは、「今お調べします」であるはずです。外国人にこんなことまで、と思えるかもしれませんが、言葉を字義的にしか捉えずに外国人に伝えることの危うさ、無責任さを、日本語教師はそろそろ考えるべきなのではないか、と思う今日このごろです。

　日本語コミュニケーションを考えた時、「対話」の認識をもっと日本語教師自身がつける必要があると思えます。「会話」といいながら、何か項目を教えるための「会話」になってしまっていて、目標文型やら語彙を無理に使った不自然な偽の会話を教えている。あるいは、社会性の欠落したやりとりを、文法的によしとして容認してしまっている……。日本に定住者が増えていく中で、外国人との共生がますますテーマになる昨今、日本語教育の現場がもっと変わらなければ、誤解や摩擦を再生産していく戦犯になっているのではないか……。自らの反省も込め、そんな危機感を持って本書に当たった次第です。

　今回、この交流分析の専門家である金井まゆみ先生には、お忙しいところ、監修を快く引き受けてくださり、この場を借りてお礼申し上げます。また、日々の授業に追われながらも、何度もの書き直しに挑戦してくれたカイ日本語スクールの教師の面々と、度重なる変更や日延べに忍耐強くおつきあいくださったアスク編集部の香月さんに心より感謝の意を表します。

山本弘子

目次 CONTENTS

CHAPTER 3　文法

COLUMN 現場の視点から

 本書について ●●●●●●●●●●●●●●●●●●●●●●

1．全体の構成

　本書は3つのCHAPTERから成り立ちます。

　CHAPTER 1では「交流分析」という視点から日本語教育を見つめ直してみました。もともとは精神分析の手法ですが、自我状態を分析することで「教師」としての自分を客観的に認識できるようになることを試みました。ぜひ「エゴグラム」と呼ばれる心理テストを使って、実際に分析してみてください。

　CHAPTER 2では初級レベルの日本語語彙を、CHAPTER 3では初級レベルの文法を取り上げました。文法的な解釈や類義語分析はもちろん、認知語彙から運用語彙への引き上げを目指した指導法の紹介を目指しました。

　実践的なCHAPTER 2、3をご利用になる前にCHAPTER 1をお読みいただくことで、これまでの解説書とはひと味違う手応えを感じていただけると思います。

2．各項目の構成

　各項目は以下のような構成になっています。

問題ページ

　ここは3つのステップから成り立ちます。すべてのステップが問題となっています。各問題（**Q**）は次ページで解答や根拠などを解説しています。が、まず最初は解説ページを頼らず、自力で解答を見つけるようにしてください。日本語を母語とする人であれば、何かしら自分なりの答えを見つけることが可能な問題ばかりです。

確認しましょう

　ここでは問題ページで提起された問題の解答・解説を行っています。実際の授業に見られる効果的な導入方や練習法もここで紹介しています。しかし、既習語彙・文法には各教科書で違いが見られます。自分の授業で試してみる場合は、事前の準備を念入りに行いましょう。

現場の視点から

　日本語を一方的に教えるだけが日本語教師の仕事ではありません。日本語教師という仕事は、国籍・言語・習慣・文化の違いを乗り越えた学習者との共同作業です。ここでは、実際の日本語教育現場での様々なエピソードを紹介することを目的としています。海外での日本語教育談などは、現職の方々の視野を広げる一助となるでしょう。そのほかにもお勧めの教室活動や日本語を教える上でのちょっとしたコツが満載です。肩の力を抜いて「日本語教育現場こぼれ話」として楽しんでいただければ幸いです。

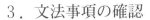

３．文法事項の確認

　日本語文法では、私たちが小学生のころから学んできた国文法とは概念の呼称や分類の仕方が違います。さらに、同じ日本語文法においても、教科書によってその名称はさまざまです。そこで、本書で使用している分類法、そしてその名称を次にまとめました。本書をお使いになる前に一度確認していただき、みなさまの理解をよりスムーズにできれば幸いです。

表１：動詞のグループ分け　日本語文法／国文法対応表

日本語文法	１グループ	２グループ		３グループ	
国文法	五段動詞	上一段動	下一段動	カ変	サ変

表２：動詞のフォーム　日本語文法／国文法対応表

日本語文法	ない形	意志形	ます形	て形	辞書形	連体形	仮定形/ば形	命令形
国文法	未然形		連用形		終止形	連体形	仮定形	命令形

表３：動詞の活用

日本語文法	例	語幹	ない形	意志形	ます形	て形	た形	辞書形	連体形	仮定形/ば形	命令形
１グループ	聞く	聞	か	こ	き	い	く	く	く	け	け
２グループ	居る	(居)	い	い	い	い	いる	いる	いれ	いろ いよ
	捨てる	捨	て	て	て	て	てる	てる	てれ	てろ てよ
３グループ	来る	(来)	こ	こ	き	き	くる	くる	くれ	こい
	する	(す)	し	し	し	し	する	する	すれ	しろ せよ

表４：形容詞　日本語文法／国文法対応表

日本語文法	国文法	例
い形容詞	形容詞	赤い うるさい
な形容詞	形容動詞	静かだ 元気だ

4．本書の効果的な使い方

　先に述べたように、本書では各項目が問題ページと解説ページから構成されています。初めから解説ページに頼らず、まずは問題ページに自分なりの解答をしてみてください。その上で解説ページをご覧になっていただく形が、本書の効果を実感いただける使用法です。

　また、掲載順序につきましては五十音順となっております。必要項目を辞書のように調べることも可能です。もちろん、最初からページ順に読み進めていただいても構いません。

　ひとつだけご注意いただきたいのは、本書は日本語を母語話者とする人々を読者と想定したものです。各項目の問題ページは外国人学習者には適当ではありません。あくまでも、授業を行う前の教師のための内容となっております。

　以上の点を確認したうえで、効果的にご利用ください。

CHAPTER 1

交流分析

交 流 分 析

～今の自分を知り、なりたい自分になろう～

〈今〉のあなたはどんなタイプの教師でしょうか。また、〈これから〉どんな教師になりたいと思いますか。

他人のことなら「あの先生は厳しい」とか「あの人はお母さんのような先生だ」などと判断することは容易です。けれども自分がいったいどんな教師なのか、学習者や同僚からどう思われているのかを自分自身で判断することは難しいのではないでしょうか。自分では「私は優しい教師だ」と思っていても、まわりの目にはどう映っているのか……。学習者とよい関係を築いていきたいと思うのは教師として当然のことですが、そのためにも、まず、他人の目に映る〈自分〉を知ることが大切でしょう。

●●TAの基礎概念（自我状態と交流）

自分を知る方法の一つに『交流分析』[1]があります。これは、人と人とのコミュニケーションを円滑にし、よりよい人間関係を築くために私たちの〈心の動き〉を見つめる心理学です。交流分析では、この人間の〈心の動き〉（自我状態と呼ぶ）が3つに分かれていると考えます（P.13図参照）。それは社会のルールを守ったり、ほめたり、ねぎらったりする「P＝Parent（親の自我状態）」、冷静に、客観的に状況を分析する「A＝Adult（成人の自我状態）」、無邪気な気持ちや人を頼ったりする「C＝Child（子供の自我状態）」の3つです。さらにP（親の自我状態）は社会的な規範や規則を守ったり、物事の善悪を判断する支配的な親（父親）「CP＝Controlling Parent」と、優しく子供を守るように相手を思いやる養育的な親（母親）「NP＝Nurturing Parent」に分かれます。また、C（子供の自我状態）は、自由にのびのびとやりたいようにふるまう「FC＝Free Child」と、協調性がありまわりの人を気遣う「AC＝Adapted Child」に分かれます。

これら5つの自我が、1人の人間の中に常に存在し、その時の状況や相手によって、その人の感情や考え方となり、言動や行動に表れると考えます。

---

[1] 交流分析Transactional Analysis（TA）：アメリカの精神科医エリック・バーンにより1957年創案された。精神分析の口語訳とも呼ばれるように、一般の人でも簡単に自己分析ができ、対人コミュニケーションを改善できると、多くの企業研修などにも取り入れられている。自我状態をグラフでとらえるエゴグラムが有名。

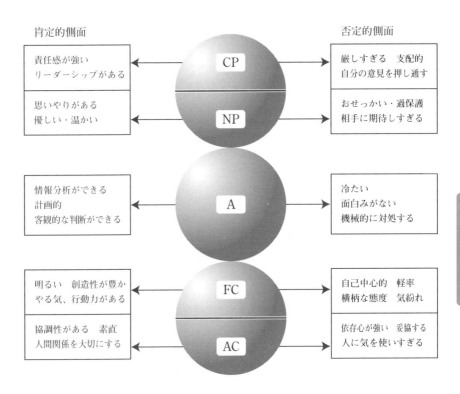

肯定的側面　　　　　　　　　　　　　　　　　否定的側面

| 責任感が強い
リーダーシップがある | ← CP → | 厳しすぎる　支配的
自分の意見を押し通す |

| 思いやりがある
優しい・温かい | ← NP → | おせっかい・過保護
相手に期待しすぎる |

| 情報分析ができる
計画的
客観的な判断ができる | ← A → | 冷たい
面白みがない
機械的に対処する |

| 明るい　創造性が豊か
やる気、行動力がある | ← FC → | 自己中心的　軽率
横柄な態度　気紛れ |

| 協調性がある　素直
人間関係を大切にする | ← AC → | 依存心が強い　妥協する
人に気を使いすぎる |

自我状態の肯定的側面と否定的側面

　例えば、ある日、学習者が遅刻して来たとします。教師であるあなたは、たった今新しい文型の説明が終わったばかり。さてあなたはその学習者に対し、どう反応するでしょう？

　それぞれの自我状態の特徴を表す反応は、

　　CP 「遅い！」と怒って言う

　　NP 「どうしたんですか。何かありましたか。大丈夫ですか」と心配そうに言う

　　A 「今9時20分、これで3回目ですね」と冷静に言う

　　FC 「また遅刻？　夕べもまた遅くまで遊んでたんですね」と冷やかす

　　AC 「……（何も言えない）」学習者の様子をうかがう

となります。

13

●●エゴグラムでみる「自分」

　人の言動や行動のパターンを知るための方法の一つとして、〈今、ここ〉での心のエネルギーの状態を知ることができる「エゴグラム」[2]という心理テストがあります。「エゴ」は自我を、「グラム」は図を表し、あなたの自我状態のどのエネルギーが高い（低い）のかを調べます。

　では、これからあなたの「エゴグラム」を作成してみましょう。ここで測るのは「日本語教師」としての、今のあなたの自我状態です。「日本語教師」としての立場で質問に答えてください。

〈質問表〉

★それぞれの質問に対し、「そう思う」には○、「そう思わない」には×、「どちらともいえない」には△を枠の中に書き込んでください（できるだけ○か×で答えてください）。

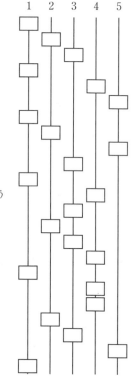

1. 規則・規律は守らなければならない
2. 困っている人がいたら助けてあげたいと思う
3. 客観的に自分の授業を振返ることができる
4. 何ごとも最後までやらなくては気が済まない
5. 他人を笑わせたり、場の雰囲気を盛り上げるのが好きだ
6. 人前で話をするのが苦手だ
7. 責任感が強い
8. 世話好きである
9. 学習者にどう思われているか気になる
10. 論理的に物事を考えるほうだ
11. 時間を守らない学習者がいるとイライラする
12. 「わぁー」「すごーい」「へぇー」などの感嘆詞をよく使う
13. 仕事は計画的にてきぱき行う
14. 学習者の相談にはできるだけのってあげたいと思う
15. 学習者を叱る前に事情を聞く
16. 授業が盛り上がるとつい時間をオーバーしてしまう
17. 授業中の学習者の私語は必ず注意する
18. 終わったことをいつまでもくよくよと悩む
19. 嫌なことを嫌だと言わず押さえてしまう
20. 頼まれたら嫌と言えない
21. 体調が悪い時は無理をしない
22. 無理をしても他人からよく思われようと努める
23. 礼儀作法を重んじる

2　エゴグラム：エリック・バーン博士の高弟ジョン・M・デュセイ博士によって考案された。自我状態の5つのエネルギーの大きさを図式化したもの。

24. 他人の会話に容易に興味が持てる
25. 我を忘れて何かを楽しむことができる
26. 学習者をよく褒める
27. 人の欠点より長所を見る
28. よく「すみません」と言う
29. 好奇心が強い
30. 人の忠告が最後まで聞ける
31. いろいろな本を読む
32. 行動力がある
33. 何かを決める時、人に相談する
34. 命令されるより、するほうが好きだ
35. 態度や表情に感情が出やすい
36. 年令に応じた分別は身につけていなければならない
37. 学習者に元気がないと、なぐさめたり励ましたりする
38. 相手の話にきちんと耳を傾ける
39. 相手によく気を使う
40. 問題が起こっても原因を調べ冷静に対処できる
41. 時間を無駄に使いたくない
42. 協調性がある
43. 人間関係を大切にする
44. 夢中になるとほかが見えなくなる
45. 休み時間、放課後でも学習者の相手ができる
46. 自分に厳しいほうである
47. 楽しいことをするのが好きだ
48. 意見の対立があってもその人と以前と同様に接することができる
49. 思いやりがある
50. 1点足りなくても不合格は不合格だ

交流分析

1　2　3　4　5

数値

★ 終わったら○は2点、△は1点、×は0点で1～5の各群ごとに計算し、その数値
　を16ページのグラフに書き込み線で結んでください。

15

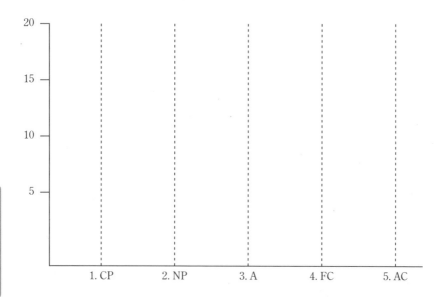

| | 1. CP | 2. NP | 3. A | 4. FC | 5. AC |

●●エゴグラムの見方
〜一番高いエネルギーと一番低いエネルギーを見る〜

あなたのエゴグラムの形はどうなりましたか。

まず〈一番高いエネルギー〉の自我状態を見てみましょう。「交流分析」では、一番高い自我状態が、あなたの行動に強く影響を与えると考えます。最初に出る反応はそこから出ると考えてもよいでしょう。さらに、それぞれの自我状態は肯定的、否定的な側面を持つため（P.13図参照）、プラスにもマイナスにも働きます。

ではそれぞれのタイプについての特徴を見ていきましょう。

〈CPが高い人〉

仕事をする人には欠かせない機能です。仕事に責任を持ち、教師として正しく教えようと努力します。また学習者の期待に応えようと一生懸命になります。ただし否定的に働くと、厳しすぎたり、自分の意見を押し付けたり、また事情も聞かず学習者を叱ったりしがちです。授業中に何か問題が起きた時、まずその理由や原因を考えること、そして自分の枠だけで考えず、〈なぜそれが問題だと感じるのか〉と客観的に考えてみることも必要です。

〈NPが高い人〉

思いやりがあり、相手を信頼したり、受け入れたりできる包容力に溢れています。そして学習者を励ましたり勇気付けたりできる教師です。しかし否定的に働くと、それはかえっておせっかいや世話焼きになり、学習者の自立を妨げることにもなります。やた

らプリントを配ったり、学習者が自分でできることまで代わりにやってしまったり……。「やってあげよう」と思う前に、まず彼ら自身の力を信頼し、〈任せてみる〉ことも大切です。

〈Aが高い人〉

　状況に応じて適切な判断をしたり、論理的に話を進めることができます。また、悩みを抱えた学習者に適確なアドバイスを与えることができ、感情的になっている学習者に対しても冷静に対処できます。しかし、気を付けなければいけないのは、冷静なあまり学習者に冷たく機械的な印象を与えかねない点です。このような人は普段から学習者に声をかけたり、アドバイスを与える時にも気持ちを込めて言うように心掛けましょう。

〈FCが高い人〉

　自由にのびのびしています。自分の感情を素直に表せる人で、創造力豊かな人だと言ってよいでしょう。クラスはいつも笑いが絶えず、学習者からも人気のある教師になるはずです。しかし、このエネルギーが過剰に働くと、自己中心的になり、軽率な言動が多くなります。いくら楽しくても、授業が脱線したままもとに戻らず終わってしまうようなことになれば、学習者からはクレームとなって返ってきます。楽しむことも必要ですが、状況を見て〈切り上げる〉判断ができるようにしましょう。

〈ACが高い人〉

　協調性があり周囲への気配りも忘れません。学習者の反応にもとても敏感です。このエネルギーをうまく使えば、クラスマネジメントも上手に行えます。反面、依頼心が強く妥協しやすいところがあり、学習者の要望を簡単に受け入れてしまいがちです。教師としてのリーダーシップを忘れず、時には毅然とした態度も必要でしょう。

　さらにグラフの形からも特徴を見ることができます。そのパターンは人の数だけあると言われていますが、ここでは代表的な5つのタイプを紹介します。

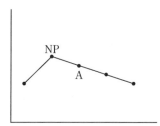

　なだらかな「への字」型は、自我状態のバランスが非常によいと言われています。自分に対しても他人に対しても肯定的で、対人関係のトラブルが少ない「円満型」であると言ってもよいでしょう。

　「V」型のタイプはCPが高いので、「〜なければならない」という思いが強いのですが、ACが高いため、まわりに気を遣って言いたいことが言えず、ストレスを溜めてしまいます。不足しているA（きちんと伝える）とFC（思いきり楽しむ）を高める努力をしましょう。

17

交流分析

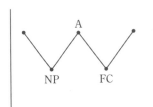

「W」型はV型の人と似ていますが、Aが高いので何がいけないのかをいちいち分析し、解決できない自分を責めてストレスを溜め込んでしまいます。日ごろから学習者と談笑したり、自分自身も気分転換をはかるようにし、NPやFCを高めましょう。

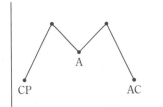

「M」型はNPとFCが高いので、明朗で人とのコミュニケーションも上手です。しかしCP、A、ACがほかの2つよりかなり低いと自己中心的で無責任な印象を与えてしまいます。低い自我状態（CP、A、AC）の、特にAを高めて常に自分を客観視するようにしましょう。

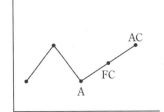

「N」型のタイプは人の世話は焼くけれども自分は楽しめない、24時間人のためにつくすような「自己犠牲」型の人です。またACが高いため文句も言えずがまんしてしまいます。AとFCを高めて時間の使い方を改善し、自分の時間を作るようにしましょう。

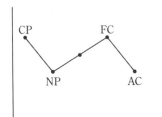

「逆N」型はCPとFCが高いため自己主張が強く、常に自分が正しいという態度を取りがちです。NPやACを高めて相手のことも認める努力をし、話に耳を傾けるようにしましょう。

　いくつかのパターンについて説明しましたが、自分の行動パターンを変えるためには、〈一番低いエネルギー〉を見ることも大切です。そしてあなたに欠けている点が何かを理解し、補う努力が必要なのです。まわりにその自我状態が高い人を見つけて、その人の行動パターンをまねてみるのもいいでしょう。

　また、どのパターンでもAのエネルギーが不足していると、自分の今の自我状態を把握しコントロールすることが難しくなります。Aを上げるためには、Aの肯定的側面（P.13図参照）を実際に行動に移してみてください。例えば、その日の授業で気になった点を書き出し内省してみたり（客観的に事実を判断する）、語彙や文法などを分析しまとめる（情報分析）などの作業です。

交流分析では、P、A、Cのエネルギー量の総和は一定だと考えます。低いエネルギーが上がれば、必然的に高すぎるエネルギーも下がることになります。高いところを抑えるというよりは、低い自我状態のエネルギーを高め、それぞれのバランスを整える努力をすることが大切です。

●●「なりたい自分」になるために

　さて、エゴグラムから見える「自分」はどうだったでしょうか。「思った通り」、「意外だ」……など様々な〈自分発見〉があったのではないかと思います。

　エゴグラムは、性格判断をするためのものではなく、自分の考え方や行動のパターンを知るためのものです。このパターンは、同じ人でも状況や場面、役割が変わると、形が変わります。例えば、日本語教師としてのあなた、家庭でのあなた、趣味に没頭しているあなた……人はいくつもの役割や顔を持ち、それぞれに使うエネルギーの大きさが違うのは当然のことなのです。言い換えれば、それぞれに理想形があるといってもいいでしょう。

　大切なことは、この5つの自我のエネルギーは日常生活、仕事をしていくうえで、絶対に欠かせないエネルギーであるということ、そしてこれらのエネルギーを相手や時間、状況などに合わせてどうコントロールしていくかということです。

　ここでは〈日本語教師〉としての、〈今、ここ〉でのあなたについて〈自分発見〉をしてもらいました。自分の思うように学習者を動かすのはなかなか難しいことですね。交流分析には「他人と過去は変えられない」という大原則があります。まずは〈日本語教師〉としてのあなたが自分の自我状態を意識し、今まで以上に、自分の言動や行動に責任を持つことが、学習者や同僚とのよりよいコミュニケーションに繋がっていくのではないかと思います。

CHAPTER 2

語彙

忙しい／大変　　　「忙しいこと」と「大変なこと」、どちらが嫌？

:::::: STEP 1 :::

Ⓠ 小さい子供が 2 人いて、パートもしている主婦にとって、どんなことが大変で
しょうか。次の文のうち、【忙しい】とは言えないのはどれか選んでください。

　　A　早く家を出なければならないので、洗濯する時間がない。

　　B　エレベーターがないので、5 階まで乳母車を持ち上げて運んでいる。

　　C　毎日主人と子供の 3 人分のお弁当を作る。

:::::: STEP 2 :::

Ⓠ 次の文を書いた学習者はどんな状況を言いたかったのでしょうか。また、どうし
てこのような誤文が出たと思いますか。

　　1．東京の道路はいつも<u>忙しい</u>。

　　2．東京は本当に<u>忙しい</u>町だ。

:::::: STEP 3 :::

Ⓠ 【忙しい／大変】を導入する時にそれぞれに一番適当と思われるものを選んでく
ださい。その理由も考えてみましょう。

　　A　今日は学校の後で、友達を空港に迎えに行きます。

　　B　彼は、毎晩10時まで残業している。

　　C　成田空港まで、1 人で重いスーツケースを 2 つ持って行った。

確認しましょう

::::: STEP 1 ::

　【忙しい】とは言えない状況はBだけです。【大変】【忙しい】のいずれも「忙しくて時間がないから大変」、または「大変な事情を抱えているので、あれこれ忙しい」と、忙しさと大変さが重なる状況が多いので、混同を招きます。両者の違いは、【忙しい】がスケジュールが立て込んだ様子を表すのに対し、【大変】は困難で何かする時、一通りではない努力や苦労を要する状況を表す点にあります。Bの状況はスケジュールより状況の困難さを表すので、【大変】が適当になります。

::::: STEP 2 ::

　これは英語圏出身の学習者によく見られる間違いです。英語の「busy」は日本語の「忙しい」に該当しますが、「busy」の場合【忙しい】状況以外にも、車や人の行き来が多く混雑した状況などを「The streets are very busy in Tokyo」「Tokyo is a busy city」などと表すことができます。そのため、英語圏出身の学習者は、日本語の【忙しい】を英語の「busy」に単純に置き換えてしまい、日本語にはない使い方をしがちなのです。

　このように、日本語の場合、場所や物が忙しいとは言いません。このように、翻訳しても用法に母語とのずれがある言葉は、色々な例文を出して、意味や使い方の違いを認識させるようにしましょう（ちなみに、【忙しい】に関しては、中国・韓国語は使い方が日本語と同じなのでこのような誤文は見られません）。

::::: STEP 3 ::

　混合しやすいだけに、はっきりと両方の意味が重ならない状況から導入する必要があります。【忙しい】は、予定（やること）が立て込んでいる状況を表しますから、Aが最も適当です。【忙しい】状況は否定的に聞こえますが、実際の内容が嫌なものばかりとは限りません。コミュニケーションの視点から見れば、「ほかの予定が入る余地がない状況だ」というメッセージを伝えています。これに対して、【大変】は、もっと心情的な表現で、「肉体的（精神的）に負担が大きいことを理解（共感）してほしい」というメッセージを伝えます。

　Aの内容が「友人を迎えに行く」のではなく「アルバイトに行く」であれば、忙しさだけでなく大変さという要素も入りますから、「忙しさ」の内容は吟味する必要があるのです。これに対し、Cは、時間的な問題ではなく労力を要する状況ですから、忙しい状況との混同が避けられるという点で【大変】の導入には向いています。しかし、この場合「大変です」と言いながら、汗をぬぐったり、ため息をついたり大変そうに見えるジェスチャーも必要です。Bは【忙しい】とも【大変】ともどちらでも取れるので導入としては避けるべきでしょう。

　練習には「～は大変です」という文を作らせるより、まずは上記のようないろいろな状況を学習者に考えて言ってもらいます。それに対してほかの学習者に「大変ですね」「忙しいですね」とコメントさせるものにすれば、実際的なコミュニケーションスキルの向上につながるでしょう。

カマルさんのビリヤニ

● ●

　今でこそ「エスニック料理」はごく日常的なものですが、80年代の中ごろから90年代の初めのころにはまだまだ珍しく、興味深いものでした。学校の厨房では、未知の料理が次々と作られていたのです。

　たとえばカレー。当時の私たちにとってのカレーはカレーライス、つまり市販のカレールーを、肉とタマネギとニンジンとジャガイモを煮たものに入れた、あれです。みんな好きだけど、「カレーが好き」なんて子供っぽい感じでした。でも世界には、それはたくさんの「カレー」があったのですね。インドのカレー（インドに「カレー」という料理はないそうですが）はもちろん、タイ、ミャンマー、バングラデシュ、マレーシア、スリランカなどそれぞれにおいしく、個性的なカレーたち。そのすべてを堪能した私たちは幸せでした。国から持ってきたスパイスやハーブを惜し気もなく入れてくれて、私たちが恐る恐る手を出したり、「おいしい！」と言ったりするのを、学習者は心配そうに、そして嬉しそうに見ていましたっけ。食べ物で知る異文化、一緒に作ったり食べたりしてわかる人柄、クラスの和がいっそう強くなる時。

　これはバングラデシュのカマルさんが実際に書いてくれたレシピです。「1/16kg」や「0.5/16kg」とは一体？？　バングラデシュの度量衡でしょうか。何か説明してもらったと思いますが……。

レシピ：『お料理の本Vol.5』　かもねぎショット出版部

オノマトペ　　　どう聞こえる？　どんな様子？　どんな気持ち？

::::: STEP 1 :::::

Q 次の言葉を、特徴を考えて3つのグループに分けてください。また、どのグループから教えたらいいか考えましょう。

にこにこ／わんわん／ざーざー／びしょびしょ／にゃあにゃあ／
とんとん／どきどき／いらいら／かちゃかちゃ／かーかー

①＿＿＿＿＿＿＿＿　　②＿＿＿＿＿＿＿＿　　③＿＿＿＿＿＿＿＿

::::: STEP 2 :::::

Q 次の言葉は、A.動きを見せる、B.例を挙げる、主にどちらを使って教えますか。

がつがつ／はらはら／ぺらぺら／がぶがぶ／じろじろ／わくわく

A＿＿＿＿＿＿＿＿＿＿　　B＿＿＿＿＿＿＿＿＿＿

::::: STEP 3 :::::

Q-1　病院の会話を練習する時考えられる、痛みや症状を表すオノマトペを挙げてみましょう。

Q-2　次のオノマトペを使用する時、どんな話題で練習しますか。

1．ぼろぼろ
2．がらがら
3．ぴかぴか

確認しましょう

:::: STEP 1 :::

　「わんわん」「にゃあにゃあ」「かーかー」のように動物の声を模したものを擬声語、「ざーざー」「とんとん」「かちゃかちゃ」のように、聞こえる音を文字化したものを擬音語、「にこにこ」「びしょびしょ」「どきどき」「いらいら」のように様子や感情を表す言葉を擬態語といいます。そしてこの3つを総じて【オノマトペ】といい、日本人なら教えられなくても幼いころから実に豊富に使用しています。

　しかし、外国人にとっては、当然のことながらひとつひとつが新出語彙となるのです。そのため、どんな国にでもいる動物の鳴き声からオノマトペの世界に入り、次に音を実際に出すことでその音をどう表現するか確認し、最後に様子や感情を表す擬態語へと移っていくのがいいでしょう。

:::: STEP 2 :::

　オノマトペの中でも擬態語は微妙なニュアンスをもつものが多いため、それを伝えるにはひと工夫必要となります。「がつがつ」「がぶがぶ」「じろじろ」のように動作を表す擬態語は、その動作を大げさなほど表現することで伝えることができるでしょう。もちろん動作で示すと共に、どんな時人はそうするか、どんな印象を与えるかという説明もほしいところです。

　一方「はらはら」「ぺらぺら」「わくわく」は、場面設定を細かく提示することで、学習者がその様子や感情を想像しやすくするといいでしょう。例えば、6歳ぐらいの子供が高い木に登っているのを母親が見つけ、危ないから降りなさいと言って、降りるのを見守っている時の母親の気持ちが「はらはら」です、といった具合です。

オノマトペ

::: STEP 3 :::

　意味を伝え終えたら、どんなところで使われるか提示し、練習しましょう。

　例えば、私たちは「どう痛いの？」と聞かれた時、「きりきり／ちくちく／がんがん／ずきずき／ひりひり」など、実に多彩な表現を用います。また、「ぞくぞくする」「くらくらする」などと症状を訴えるでしょう。日常生活の中でも、身に付けるものや所持しているものに「ぼろぼろ」、映画館や乗り物などに「がらがら」、磨きあげた床や靴や車に「ぴかぴか」というように、さまざまな場面でさまざまなオノマトペを使用しています。「どんな？」と聞かれた時に適切なオノマトペを使うことが大変有効であることを、会話文を使って練習することで学習者に伝えたいものです。

わくわく、どきどき、うきうき、わーいわーい

●●●●●●●●●●●●●●●●●●●●●●●●●●●●●●●●●●●●●●

　パタパタ、バッタン、ガチャッ、ザブン、ジャーッ……。この一連の文字を見て、私たちはある程度共通した想像をすることができるでしょう。「あっ、スリッパをはいた人が歩いている、ドアを閉めた、かぎをかけた、お風呂に入ったな、お湯がこぼれてる」しかし、学習者にとってはどうでしょう。おそらく、それが物なのか動物なのか花なのか、何か意味を持った言葉なのか、見当もつかないでしょう。音を表す言葉は果てしなくあります。というより、私たちは勝手にその種の言葉を作り出すことができますし、仮に初めて目にした言葉でも、何となくその音を感じてしまいます。

　グビャッ、ズブガボスポ、あ ～～～～～ っ。……いかがでしょう。

　そうした言葉を、ひとつひとつ学習者に伝えることはきりがありませんし、ナンセンスです。ですから音に関しては、例えば、トントン／ドンドン、カンカン／ガンガンのように、濁音の持つ強さ、重さ、その語感を伝えることができればいいと思います。

　また、擬態語に関しても、ほかの文法項目と異なり、その提出順に決まりがあるわけではありません。場合によっては、ひとつも提示することなく初級を終えても特に支障はないと思われます。つまりオノマトペは習得の度合いと学習レベルとの関連性が薄いといえるでしょう。

　とはいえ、日本語におけるオノマトペの比重は決して軽いものではありません。平たくいうと、オノマトペは偉い奴なのです。そこのところを学習者には誤解なく認識してほしいと思いますし、効率的に習得してもらうことができたらいいと思います。そのためには、外国人向け、日本人向けを問わず、問題集や絵本などを参考に使用頻度の高いものはどれか、初級の段階でその意味を的確に伝えることのできるものはどれかを選び出し、機会をみて、あるいは機会をとらえて提示していきたいものです。学習者が中級、上級と進み、マンガやドラマや小説などを教材として使えるようになった時、使用する教材をうまく選ぶことさえできれば、オノマトペは一段とその輝きを発し、学習者の日本語力はグググググッと増すでしょう。

　カリカリ勉強するだけが勉強じゃない。ダラダラ時間をかければいいというものじゃない。ワイワイ、ガヤガヤ楽しくやっているうちに、スラスラ読めて、ペラペラ話せる。そういう授業を私はやりたい、と思うのです。

貸す-借りる／教える-習う　　立場が変われば動詞も変わる

:::::: STEP 1 :::

Q 同じ状況でも、立場によって使う動詞が異なる場合があります。（　　　）にはどんな動詞が入りますか。

AはBにペンを貸す　⇔　BはAにペンを（　　　　　　　）

AはBに日本語を（　　　　　　　）　⇔　BはAに日本語を習う

:::::: STEP 2 :::

Q 学習者が次のような文を作りました。【習う】の使い方がおかしいようです。どうしてこのような間違いをしたのでしょうか。

私は漢字が苦手だから、もっと自分で習わなくてはいけません。

:::::: STEP 3 :::

Q 授業中、このようなやりとりがありました。学習者は【貸す】と【借りる】で混乱してしまったようです。みなさんなら、この後どうしますか。

リー：先生、すみませんがその本を借りてください。

教師：リーさんが借りるんですね？　じゃあ、「貸してください」でしょう。

リー：すみません、貸してください。

キム：先生！　私もその本が読みたいです。貸してもいいですか。

教師：キムさん、それは「借りても……」ですよ。

リー＆キム：??

確認しましょう

::::: STEP 1 :::

「AはBに貸す／教える」のように、その行為が向かう方向は「〜に」で表します。Bの場合は「BはAに（から）借りる／習う」のように「〜から」を使うこともできます。【貸す－借りる】【教える－習う】のように、方向性のある動詞はいくつかありますが、母語にそのような対応する語がない学習者は混乱してしまいます。例えば中国語で【借りる】は「借」、【貸す】は「借（給)」と同じ漢字を用います。このような混乱がないように、教室では実際に物を動かして発話させましょう。

(例) A：私はBさんにペンを貸します（と言いながらペンを渡す)。

B：（受けとって）私はAさんにペンを借ります。

::::: STEP 2 :::

これは、上記のような方向性があることを知らず、〈習う＝learn〉だと考えたことによる間違いです。「learn」には知識を身に付ける・覚える、などの「習得する」という意味合いが強いようです。「先生は……教えます、学生は……習います」というように、【習う】は「教えを受ける」という意味が強いことを伝えましょう。

::::: STEP 3 :::

この会話の難しさは2つ考えられます。1つは「〜てください」「〜てもいいですか」という文型と組み合わさったことにより、ますます方向性がわかりにくくなっている点です。特に「〜てください」は相手の【貸す】という行為を求めているので「貸してください」になるのですが、自分が借りたい気持ちが先行して「借りてください」と言ってしまうようです。もうひとつの難しさは主語を省略している点です。日本語ではこのように主語を省略することが多く、「AはBに……」と全文を言わせる練習だけしていると、このような問題が起きてしまいます。混乱してしまったら、A「ペンをとってください」→B「はい、私はペンをとります」→A「そのペンを（私に）貸してください」→B「はい、私はペンを（Cさんに）貸します」というように、ほかの動詞で例を見せながら、主語を入れて確認させるといいでしょう。その上で、TPR[1]のようにとっさに動ける練習で定着を図ると効果的です。

---

[1] 教師が目標言語で指示し、学習者はその指示に従った行動をすることで、内容を理解したと判断する教授法。

変わる　　前と後では全く異なる

:::::: STEP 1 ::

Ⓠ 次の1～3は、それぞれ何を見て言っていると思いますか。下からひとつずつ選んでください。

1．ほら、変わるよ！　　　　　（　　　　　　）
2．すっかり変わったね。　　　（　　　　　　）
3．ずいぶん変わってるね。　　（　　　　　　）

高層ビル街　　　　サザエさんの髪型　　　スーパーマン

:::::: STEP 2 ::

Ⓠ-1　2つの文の違いは何ですか。

1．貧しい娘は輝くようなお姫さまに変わった。
2．貧しい娘は輝くようなお姫さまになった。

Ⓠ-2　次のような文をどう訂正すればいいでしょうか。

1．引っ越したので、住所を変わりました。
2．選手がけがをしたので、別の選手に変わりました。
3．信号が赤から青へ変わりました。

:::::: STEP 3 ::

Ⓠ 絵カードや小道具など、何も持っていない状態で【変わる】を教えなければならない時、どんな例を出して説明すればいいと思いますか。

確認しましょう

::::: STEP 1 :::

　【変わる】というのは、あるものが前とは違うものになるということで、何かが変わる、変わったと言う時、話し手はその「変わる前」と「変わった後」を知っていることが前提になります。その「前の姿」と「後の姿」の違いを、驚きをもって言う時に「変わった！」と言うのではないでしょうか。普段はぱっとしない新聞記者がここぞという時にスーパーマンに変わる、それを知っているから「ほら、そろそろ変わるよ」と言うのです。昔はちっぽけだった町が、今では高層ビルが建ち並ぶビル街に「すっかり変わった」と思うことでしょう。

　しかし、サザエさんの髪型はずっと前から同じで、別のものになったわけではありません。ちょっと普通とは違う、ユニークだと言いたい……。これは「変わっている」となります。

::::: STEP 2 :::

　Q−1　【変わる】は前と違うものになることだといいました。よく似た言葉に「～になる」があり、学習者は当然、何が違うのだろうと思うことでしょう。

　1、2どちらも物語の主人公を思い浮かべますね。1はシンデレラ、2はマイ・フェア・レディあるいはプリティ・ウーマン。違いは両者の変わり方を比べてみればわかりやすいでしょう。シンデレラは杖の一振りで一瞬のうちにお姫さまに変わりましたが、『マイ・フェア・レディ』や、『プリティ・ウーマン』はマナーを仕込まれ、それなりのプロセスを経て素敵なレディになりました。つまり、【変わる】は前と後の違い振りに注目した言葉、「～になる」は、変わった後の結果だけでなく、変わっていく過程をも意識した言葉といえます。

　Q−2　1は自他動詞が混乱してしまったための助詞の誤り、2は「変わる」と「代わる」の使い分けで、日本人でも間違いやすいものですが、この場合は「交代する」の意味なので「代わる」にします。3の助詞は帰着点を表す「～に」にしたほうがいいでしょう。

変わる

:::: STEP 3 ::::::::::::::::::::::::::::::::::::::

【変わる】はスーパーマンやシンデレラなどの劇的な変化だけではありません。「髪型が変わりましたね」とか「引っ越したので住所が変わりました」など、身近な変化が私たちの日常です。そこで、例えば「実は私の電話番号が変わりました。新しい番号は○○○○─××××です」と言って、書き取らせてみます。古い番号も言って、ボードに2つ並べて書き、間に「→」を入れて変化を示せばいいでしょう。番号は架空のものでかまいません。ただし、後で一言断っておきましょう。

カルチャーギャップ秘話　〜食事編〜

●●●●●●●●●●●●●●●●●●●●●●●●●●●●●●●●●●

　ところ変われば品変わり、文化も習慣もかわる世の中。ある国での常識が、ほかの国では非常識だったりします。学習者の行動にびっくりするだけでなく、気付かぬうちに教師が恥をかいていることもあります。

　例えば食事のマナー。多国籍な学校で日本語教師をしていると、世界各国の料理を食する機会に恵まれます。どこから手をつけていいのかわからない料理や、見たこともない形の食器（道具）。そんな時はかえって覚悟を決めてかかれるのですが、落とし穴は馴染み深いお箸とお碗の食文化にありました。

　ご存じの方も多いと思いますが、韓国では食事中にお碗や小皿を持ち上げる、という行為はお行儀の悪いことです。

　不幸にも私がこのマナーを知ったのは、韓国料理店で韓国人学習者と食事をしている時でした。洋食だと食器が大きく持ち上げる気にもならないのですが、韓国の食器は、形や大きさも普段使い慣れている日本の食器によく似ています。私は何の迷いもなく、むしろお行儀よくしているつもりで食器を持ち上げていました。

　一緒に食事をした彼女はまだ日本に来たばかりでした。夢と希望にあふれた彼女には、さぞかしショッキングな光景だったと思います。彼女の、あの複雑な表情は忘れられません。が、きっと私も似たような表情を彼女に向けていたことでしょう。実はこの時私も「し、汁が垂れるよ〜！　どうしてお碗を持ち上げないの！」などと思っていたのですから。

　初級なりにもなごやかに続いてきた会話が途切れ、お互い、何か違う!?と悟った私たち。その後、お互いの文化の食事マナーを教え合い、事なきを得たのでした。

　この一件以来、新しい食文化に出会った時には、味わう前にマナーも教えてもらうようにしています。

きちんと   〈こうあるべき〉という物差し

:::::: STEP 1 ::

Ⓠ 次の文は、誰が誰に言っているのだと思いますか。また、どんな気持ちで言って
いるかを考えてみてください。あなた自身は誰に対して【きちんと】という言葉
を使いますか。

　　1．使った物は<u>きちんと</u>片付けろ。
　　2．ドアを開けたら<u>きちんと</u>閉めて！
　　3．面接試験には<u>きちんと</u>した服装で行ってください。
　　4．理由を<u>きちんと</u>説明してください。
　　5．私はいつもゴミを<u>きちんと</u>分別している。

:::::: STEP 2 ::

Ⓠ 【きちんと】の類似表現に「ちゃんと」「しっかり」があります。次の例文の（　　　）
にそれぞれの表現を当てはめ、その違いを考察しましょう。

　　1．1日3回（　　　　　　　）食事をする。
　　2．もっと（　　　　　　　）掃除をしなさい！
　　3．私の祖母は朝夕毎日（　　　　　　　）お経をあげる、敬けんな仏教徒だ。
　　4．隣の娘さんは（　　　　　　　）しているね。
　　5．彼は私の誕生日を（　　　　　　　）覚えていてくれた。嬉しい！

:::::: STEP 3 ::

Ⓠ 実際の授業の中で、学習者は「漢字を<u>きちんと</u>忘れた」という誤りをすることが
あります。なぜ「きちんと忘れた」は誤りなのでしょうか、その理由を考えてく
ださい。また、ほかに【きちんと】で言えない動詞や表現があれば挙げてみま
しょう。

STEP 1

　まずは【きちんと】という言葉が、どこで誰に対して使われているかを考えてみましょう。1と2は家庭で家族に対して、3と4は学校や会社関係で、大抵は立場が上の人から下の人へ使われます。そして5は自分自身に対して使っていると思われます。

　もしあなたが、あなたよりずっと若い人から「きちんと説明していただけませんか」と言われたらどんな気持ちがしますか。「説明していただけませんか」と言われるのとはずいぶん心証が違うことを感じませんか。どんなに丁寧に言われても「きちんと……」と言われると、その若者があなたの不足、不正確を指摘し、不満を表していることをあなたは感じとってしまうのです。他者に対して【きちんと】を要求する時、一定の基準を相手に期待しています。しかし、その裏にはその基準が満たされていないことに対する非難も包含しがちだということを理解しておきましょう。

　では、自分自身に対して使う時はどうでしょうか。「きちんとしなきゃ……」「きちんとやった」など、やはり一定の基準〈こうあるべき〉という物差しを使って、物事を見ていることがわかります。

STEP 2

　【きちんと】「ちゃんと」「しっかり」の持つイメージが少し具体化しましたか。

　【きちんと】は決められていることをその通り、几帳面にするという意味、「ちゃんと」は正しく予定通りにという意味合いを持ち、会話で使われる言葉です。「しっかり」は丈夫で力強く、十分である様子を表します。

　それでは1より〈食べる〉という行為を考えてみましょう。〈きちんと食べる〉のは例えばお坊さん。決められた時間に几帳面に食事をするイメージです。〈ちゃんと食べる〉のは体力勝負の受験生や肉体労働者。食事を抜いては勝負になりません。〈しっかり食べる〉のはお相撲さん。十分すぎるほど食べないと太れません。

　2〜5の例文でも、【きちんと】「ちゃんと」を使うと、〈ていねいに〉、〈正しく〉という基準、「しっかり」だと〈力を入れて〉、〈十分に〉と要求されているようです。

　いずれも明確に分類できるわけではないので、学習者の微妙なニュアンスの取り違えは仕方のないことでしょう。しかし教師は学習者とのやり取りの中で、彼らがどのような物差しを使って物事を捉えているのかを見極めていかなくてはなりません。そういったプロセスの中で、修正していくのが教師の役目だと思います。

::::: STEP 3 :::

　学習者は【きちんと】を「全部」または「完全に」と混同すると、このように間違えがちです。

　【きちんと】は動詞を修飾する副詞で、〈こうあるべき〉という基準を要求する言葉です。したがって意志を伴わない動詞「忘れる」「失う」「眠くなる」「〜かもしれない」などは、基準に合わせようという意志を持って行うことができないので【きちんと】を用いることはできません。ただし「落ちる」「泣く」など一見意志を伴わないように見える自動詞でも、〈必要な機能を果たす〉という基準が適応できる場合に限り、【きちんと】を使うことができます。「この砂時計はすべての砂が３分間できちんと落ちるように作られている」「俳優には必要な場面できちんと泣けることが要求される」などです。

　なお、名詞を修飾する場合は〈きちんとしている＋名詞〉〈きちんとした＋名詞〉という形をとります。

カルチャーギャップ秘話　〜ジェスチャー編〜

　具体的な行動に表れるカルチャーギャップは、比較的気が付きやすいものです。が、ジェスチャーとなるとなかなか気が付かなかったり、違和感を覚えつつも意味が通ってしまったりします。

　例えば、うなずき。首をふる方向で肯定と否定とを区別する、という点では同じですが国によってはこの方向が違います。インドやスリランカでは肯定でも横に振るので、「明日は遅刻しないでね」に対して横振りをされたりするわけです。「なに〜ぃ！」と思いつつ「あっ！　逆だっけ」と分泌されかけたアドレナリンを引っ込めるのに一苦労したりします。

　肯定・否定の意味合いでは、首振りのほかによく○と×を使いますが、これも万国共通ではありません。気を付けましょう。

　ちなみに「OK」のジェスチャーもかなりバラエティがあります。特に注意したいのは中国です。伸びている指3本を下に向けて、「それはお金次第」というようなジェスチャーでも、中国では「OK」の意味です。

　日本人：リーさん、私に中国語教えて!!
　中国人：（笑顔でジェスチャー返答）
　日本人：いくらぐらい払ったらいいの？
　中国人：（困惑気味に）友達だからお金はいりませんよ。
　日本人：??

　かみ合っているようで微妙にずれていますね。お互いの人間関係にヒビが入らないうちに日本式「OK」ジェスチャーを教えてあげましょう。

　また、数の数え方などをクラスで紹介してもらってもいいですね。意外と知らない人が多いものです。それをきっかけに日本のジェスチャーを教えていきましょう。

基本動詞　　日常会話行動編の第一歩

:::::: STEP 1 :::

Q 学習者に初めて動詞を教える時、6 つまとめて教えるとしたらどの動詞がいいで
しょうか。また、それはなぜですか。

> 起きる／食べる／飲む／行く／来る／見る／
> 聞く／書く／話す／帰る／寝る／する

:::::: STEP 2 :::

Q 学習者が「私は本をのみます」「私はラジオをかきます」と言いました。どうして
このような間違いをしたのでしょう。またどのように直しますか。

:::::: STEP 3 :::

Q 次の動詞はどちらの言葉を使って教えたほうがいいと思いますか。

1．（ご飯／パン）を食べます。
2．（おさけ／ワイン）を飲みます。
3．（テレビ／時計）を見ます。
4．（絵／ひらがな）を書きます。
5．（ラジオ／音楽）を聞きます。
6．（言葉／日本語）を話します。

確認しましょう

::::: STEP 1 :::

　ここに挙げた動詞はどれも日常生活に欠かせない、一日も早く覚えてほしい動詞ばかりです。その意味ではすべて基本動詞ということができます。しかし、あれもこれもと教えると学習者の負担が大きいばかりではなく、混乱してしまう恐れがあります。日本語学習を始めてまずぶちあたる壁に、助詞があります。それも踏まえて、教える動詞を選ぶ必要があるのです。

　例えば〈場所＋へ／に＋行く／来る／帰る〉、〈時間＋に＋起きる／寝る〉などです。また、わずかしか言葉を知らない学習者がより多くの練習をし、しっかり覚えるようにするには、ということも考えると、〈～を＋食べる／飲む／見る／聞く／書く／話す〉という動詞が出てきます。「する」も「テニスをする」「ゴルフをする」など、「～を」ではあるのですが「日本語の勉強をする」「日本語を勉強する」というように単純にはいかないため、別項目としたほうがいいでしょう。

::::: STEP 2 :::

　「のみます／よみます」「ききます／かきます」のように、一文字違いの言葉というのは間違えやすいものです。学習者は理解していないのではなく、しっかり覚えていないと思われます。ですから「本をよみます」と単に訂正し繰り返させるよりは、「のむ」しぐさをしながら「本をのみますか」と質問しながら正答を引き出したほうがいいでしょう。

　ここで、しぐさ、つまり動詞のジェスチャーは有効であると同時に誤解を招きやすいものでもありますから注意が必要です。例えば、口の前で手を閉じたり開いたりするしぐさで「話す」を表現しようとすると「言う」と誤解される恐れがあります。「話す」を動きで表現するには、相手がいることを表す必要があります。片方の手でひとりの人が、もう片方の手でもうひとりの人が話している様子を表す、といった工夫が必要となります（「話す／言う」P.99参照）。

　また、「読む」や「書く」の時は、目線や指の動きに注意しましょう。例えば、韓国は横書き縦書きともありますが、中国は横書きが通常、アラビア語圏の国々は横書きですが右から左へと進みます。学習者の慣習を知っておきたいところです。

:::: STEP 3 ::

　「ご飯」は食事一般を言う場合と米飯を言う場合があります。同様に「おさけ」はアルコール一般を指す時と日本酒を指す時があります。また「テレビを見る」と「時計を見る」では「みる」の意味が違います。時計を、テレビを見る時のように長時間ずっと見続ける人はいないでしょう。同じように「絵をかく」と「ひらがなをかく」では内容が異なります。日本語でも「描」「書」と使い分けるように、言語によっては違う言葉が使われていることに注意しましょう。

　また、「音楽」や「言葉」というのは、そのものが説明しにくいものです。動詞を教えるのが目的である以上、そこに集中できるようにするためには、使用する名詞はできるだけ学習者が知っているもの、わかりやすいもの、誤解されないものを選びましょう。

チームティーチング

● ●

　日本語学校の授業は複数の教師が分担して行うのが一般的です。文法・漢字・聴解・発音・会話・読解など授業によって分担したり、授業の中でも、導入・ドリル練習・ロールプレイなど、活動によって分担したりします。

　そこで大切になるのが教師間の授業の引き継ぎです。この引き継ぎ作業が適切に行われないと授業に大きな支障をきたしてしまいます。単に用語のやり取りで行う引き継ぎに留まらず、教師間で用語の定義を共有し誤解や摩擦を生まないようにすることが重要なポイントになります。

　例えば、「導入は済みましたから、その後からお願いします」と引き継ぎをされた教師が、復習のつもりで学習者に質問をしてみると、あまり口の動きがよくない。「導入は済んだということだったのに、これは何？」などと思いながらもう一度導入から始める、というようなことが起きた場合、その原因はどこにあるのでしょうか。まず考えられるのが、引き継ぎをするほうとされるほうの「導入」の定義が違っていたということです。何をどこまでどのようにすることを導入と言うのか、また、何をどこまでどのようにやって「導入は済みました」と言ったのか、双方の教師が確認できていれば上のような不備は防げたはずです。学習効果を考慮した具体的な引き継ぎを常に心がけたいものです。たとえ、それぞれの担当者の授業が適切に行われたとしても、引き継ぎが適切に行われなければ、チームティーチングが成功したとはいえないでしょう。

　みなさんの引き継ぎはどうですか。

　「今日のドリル練習バッチリでした。みんなよく口が動いていましたよ」

　「そうですか。じゃあ、明日はロールプレイをして、ユニット3に入りますね」

　こんなやり取りだけで終わってしまうような引き継ぎは、一日も早く卒業したいものですね。

着る（着脱動詞）

履く・着る・しめる・かぶる・かける・する
は、みんな〈身につける〉の意味

:::::: STEP 1 ::::::

Q 次のものを身につける時、どんな動詞を使いますか。また、この中で、動詞を「します」に置き換えられるものはどれですか。

（例）セーターを（着ます）

シャツ／ズボン／着物／ネクタイ／マフラー／めがね／靴下／時計
靴／ネックレス／ワンピース／ベルト／ぼうし／上着／指輪／スカート

:::::: STEP 2 ::::::

Q 次の絵を参考にして、動詞を整理してください。

（例）（　かぶる　→　　とる　　）：ぼうし
（　　）（　　　　→　　　　　　）：めがね
（　　　　→　　　　　　）：シャツ、セーター、上着、
　　　　　　　　　　　　　　　　ワンピース、スーツ
（　　　　→　　　　　　）：ズボン、スカート、
　　　　　　　　　　　　　　　　靴、靴下
（　　）（　　　　→　　　　　　）：時計、ネクタイ、ネックレス

:::::: STEP 3 ::::::

Q 次の文を読んで、着脱動詞を使った会話文を考えてください。

パーティー会場にはいろいろな服装をした人たちが来ています。それを入り口で
見ながらAさんとBさんが話しています。

A：＿＿＿＿＿＿＿＿＿＿＿＿＿＿＿＿＿＿＿。
B：＿＿＿＿＿＿＿＿＿＿＿＿＿＿＿＿＿＿＿。

確認しましょう

:::: STEP 1 :::

　【着る】【履く】【脱ぐ】などの動詞をまとめて【着脱動詞】といいます。これらの動詞で、人の服装を描写したり、日常の動作を言い表したりすることができるようになります。

　さて，ここではどんな動詞が出てきましたか。【着る】【履く】はもちろん、「ネクタイをしめる」「ネックレスをつける」「指輪をはめる」「マフラーを巻く」……など、身につけるものによって様々な動詞が出てきたのではないでしょうか。しかしこのように動詞が変わるのでは、学習者の負担も相当なものです。

　ではその中に、「する」に置き換えられるものはいくつありましたか。実は〈衣服〉以外のアクセサリーやネクタイなど、いわゆる〈装身具〉は、すべて「する」でまとめることができます（ただし、「ぼうし」「めがね」は例外です）。このように関連する語彙をまとめ、また学習者の理解を助けるために、教える時には実際に私たちが使っている語彙をそのまま教えるのではなく、日常生活に支障のない範囲で、できるだけシンプルに整理して提示する必要があります。

::::: STEP 2 ::

　次の絵を見てください。学習者にはこのように絵に示して動詞を整理します。人の腰から上は〈着る〉、腰から下は〈履く〉、それ以外の装身具（ぼうし、めがね以外）は〈する〉と3つにまとめるとすっきりしますし、視覚的にも覚えやすいでしょう。

（ 着る ）

（ 履く ）

（かぶる→とる）：ぼうし

（かける→とる）：めがね

（ 着る → 脱ぐ ）：シャツ、セーター、上着、着物、ワンピース、スーツ

（ 履く → 脱ぐ ）：ズボン、スカート、靴、靴下

（ する → とる ）：時計、ネクタイ、ネックレス、ベルト、マフラー

　それからこれらの動詞は〈着・脱〉のセットで提示します。つまり、「着る－脱ぐ」「履く－脱ぐ」「する－とる」「かぶる－とる」「かける－とる」（「めがね」も「はずす」ではなく「とる」に統一）として一緒に覚えさせましょう。

　また「着ます」は2グループの動詞ですが、3グループの「来ます」と音が同じなので、辞書形、て形など活用の練習をさせる時にどちらかわからなくなります。ただ「『着ます』の辞書形は？」と言うだけでなく、「『服を着ます』の（あるいはジェスチャーで見せる）『着ます』の辞書形は？」として「来ます」と混同させないようにしましょう。

::::: STEP 3 ::

　最後に練習方法ですが、パーティー会場で人を探しているという設定はどうでしょうか。

　まず、クラス全体にパーティー会場の絵カード（右絵）などを見せて、場所を設定します。次に、学習者をペアにして、下の絵のようにそれぞれに違う情報が入ったカードA、Bを渡します。そして互いに次のような質問をし合い、最後にはそれぞれのカードに全員の名前が入っていることをタスク（課題）とします。

　A：どの人が田中さんですか。
　B：白い上着を着て、メガネをかけている人ですよ。
　A：……！　ああ、あの人ですね。

　これは「インフォメーション・ギャップ」を利用した活動で、会話をしている人たちの間に、一方が知っていて他方（その会話の相手）が知らないというような〈情報の差〉を作り、コミュニケーションでその差を埋めていく、という練習方法です。このような実際のコミュニケーションにつながる活動を取り入れ、できるだけ現実社会に近付けた状況設定を教室の中に作ると、学習者のモチベーションも上がり活き活きとした活動になるでしょう。

しっかり　　弱々しく、頼りなくならないように！

::::: STEP 1 :::

Q-1　【しっかり】という言葉を聞くと、どんなイメージが浮かびますか。

Q-2　母親が子供に次のように言ったとします。どんな子供をイメージしますか。

　1．しっかりしなさい！
　2．ちゃんとしなさい！

::::: STEP 2 :::

Q　『試合前に野球のコーチが選手に言うセリフ』という場面を設定し、【しっかり】を教えるとします。導入の例文として、学習者に最もわかりやすいのはどれでしょうか。

　A　しっかり朝ご飯を食べたか。
　B　しっかり準備運動をしたか。
　C　夕べはしっかり寝たか。
　D　しっかり戦術を覚えたか。

::::: STEP 3 :::

Q　「よく」は「十分に・完全に」という意味で【しっかり】と重なり、学習者にとってわかりにくいことがあります。例えば、1の「よく」は【しっかり】に置き換えることができます。
　1．明日は山登りだから、今夜はよく寝ておいてね。
では、次の文は置き換えることができるでしょうか。

　2．夕べは久しぶりによく寝た。

確認しましょう

:::: STEP 1 ::::::::::

Q−1　【しっかり】のイメージとして、まずは「しっかりした机」や「しっかり手を握る」、「若いのにしっかりしている」のように、〈強さ〉や〈堅実さ〉というイメージを連想するのではないでしょうか。【しっかり】は元来「確かな存在がある様」という意味の「しか（と）」の強調形として使われていました。その「確かな様子」という意味から「確実さ」「ゆるぎない様子」、「強さ・固さ・堅実さ」、「万全に・十分に」という意味で使われています。

（例）しっかりした机　　　　（強さ・堅実さ）
　　　しっかり手を握る　　　（強さ）
　　　しっかり寝ておく　　　（万全に・十分に）

Q−2　1は、例えばべそをかいている子供。泣いている子供に弱々しさを感じた母親が、「心を強く持って、何があっても動じないで」という思いを込めた言葉です。それに対して、2は、例えば電車の中で椅子に座らず騒いでいる子供。「ちゃんと」は社会のマナーや話し手が「こうあるべき」と考えていることに反することを相手がした時などに使います。母親は電車のマナーに反している息子に「正しくしなさい」という意味合いで言っているのです。このように【しっかり】は〈強さ〉を、「ちゃんと」は〈正しさ〉を求める点で違います。

:::: STEP 2 ::::::::::

どの例文もコーチが選手に言うセリフになりますが、導入時に使う例文としては、Bのように「いろいろな種類の準備運動を万全にする」という【しっかり】の意味が具体的に説明でき、また学習者と共有しやすいものにします。同様のニュアンスを持つAやDもいいでしょう。それに対し、Cの「しっかり寝たか」のような文では具体的な説明が難しいので避けたほうがいいでしょう。

このようなイメージ勝負の言葉の場合、授業ではできるだけ視覚的なイメージをまず共有する工夫をするといいでしょう。例えば丈夫な机や椅子など、できるだけ四角い構造物がよいと思います。まずは【しっかり】が持つイメージを、クラス全体でしっかり共有しましょう。その後で「しっかり手を握る」や「しっかり靴紐を結ぶ」のような比

較的〈強さ〉を連想しやすい用法へ、さらに〈確か・完全・万全〉という意味合いの「しっかり準備運動をする」や「しっかり朝ご飯を食べる」などの用法に移ります。

::::: STEP 3 :::

「よく」には行為の頻度・量などが「十分に」という意味があり、それが【しっかり】の「完全に・万全に」という意味と重なります。2も置き換えられないことはありませんが、「よく」のほうが自然でしょう。

すでに述べたように、【しっかり】が伝えたいのは〈万全に、堅実に、ゆるぎなく〉というメッセージです。例えば、1で「しっかり寝ておいてね」と言うと、スポーツの試合や山登りの前日、緊張してよく眠れないような状況を思い浮かべます。いずれも眠くなると支障が出るような状況で、そうならないように「確実に」寝ておくというのが話し手の伝えたいメッセージになります。それに対して、「よく」はただ単に量を十分に、という意味なので、2のようにどの程度寝たのかを表現する文では「よく」のほうが自然です。

このように、私たち日本人は伝えたいメッセージの違いで自然に使い分けています。教師は自分自身が使う状況を分析し、具体的な場面を見せながら、わかりやすく学習者に教えていくことが必要になります。

日本語今昔物語

●●●●●●●●●●●●●●●●●●●●●●●●●●●●●●●●●●●●●●

今は昔。コダワリという男がいた。子供のころ、男には多くの友達がいた。
しかし。

友 人 A：コダワリ、もう帰るの？　ありえない。

コダワリ：ありえないって、その言い方がありえないよ。

友 人 B：ねえ、コダワリくん、私って体弱いじゃないですか。

コダワリ：弱いじゃないですかって、そんなこと知らないよ。頭は弱そう
　　　　　だけど。

こんな調子で友達は1人去り2人去り、今男は1人になってしまった。

そういえば……。久しぶりに男の脳裏に、今は亡き母親がよみがえった。

コダワリの母も孤独な人だった。

「ねえコダワリ。お隣の奥様が『これおいしいね、私も買おうかな』で
すって。『おいしいわね、買おうかしら』って言えないのかしら。ああいう
話し方だから、話しているのが男か女かわからなくなるのよ。テレビだって
そうだわ。今は男のセリフか女のセリフか区別できないでしょ。女性は女性
の話し方をするべきよ。もうあの方とお付き合いするのはやめるわ」

そんな調子でどんどんつきあう人が減っていったっけ。

母は、女性らしい言葉を使わない女性を決して認めようとはしない人だっ
た。小説にも映画にもテレビにも、母から見た正しい言葉遣いをする女性は
いなくなり、何十年も昔の世界で1人生きているような人だった。もしや、
母と私がおかしいのだろうか。母と私が間違っていたのだろうか。頭を抱え
るコダワリであった。

……なんて昔話はありませんが、気になる言い方、腹立たしい言い回し、
時には許しがたい表現があることは事実です。

言葉は活きていて日々変わっていきます。「お粗末様でした、というあい
さつを最近は聞かなくなったなあ」「ナウい、に代わって今は何て言ってい
るのだろう」「イケメン、というのはいくつぐらいの男に使えばいいんだ」
「千円のほうからお預かりします、の『ほう』にはどんな意味があるのだろ
う」……日本語教育に携わる一員として、私たちはそうした言葉の変化に敏
感に反応しつつ、自分自身の言葉遣いをチェックすることを怠らないように
気を付ける必要があるでしょう。時代遅れにならないように、しかし、社会
的評価の定まらない言葉を意識せずに使ってしまうことのないように。

私たちには言葉アンテナが必要なのかもしれません。

知る／わかる すごく気を遣ってほしい言葉

:::::: STEP 1 ::

Q 「食べる」「見る」「読む」のような動詞はQ＆Aにすると次のような形になります。
　　Q：食べますか。
　　A：はい、食べます。
　では【知る】を使って質問と答えの文を作り、上の例との違いを考えましょう。

　　Q：＿＿＿＿＿＿＿＿＿＿＿＿＿＿＿＿＿＿＿＿。
　　A：＿＿＿＿＿＿＿＿＿＿＿＿＿＿＿＿＿＿＿。

:::::: STEP 2 ::

Q 次の会話の中で【知る】【わかる】のどちらを使いますか。自分の話し相手を具体
　的に想像しながら考えてください。また1については、下線部Bの反応について
　も考えてみましょう。

　（会社で）
　1．A：明日の会議、何時からか（知っていますか／わかりますか）。
　　　B：＿＿＿＿＿＿＿＿＿＿＿＿＿＿＿＿＿。
　2．A：私はどうしたらいいでしょうか。
　　　B：（知りません／わかりません）。

:::::: STEP 3 ::

Q 学習者は次のように答えてしまうことがあります。どのように訂正すればいいか
　考えてください。

　　T：夏休みに何をしますか。
　　S：知りません。

確認しましょう

⋮⋮⋮⋮ STEP 1 ⋮⋮⋮⋮⋮⋮⋮⋮⋮⋮⋮⋮⋮⋮⋮⋮⋮⋮⋮⋮⋮⋮⋮⋮⋮⋮⋮⋮⋮⋮⋮

　「知っていますか」「はい、知っています」という会話はできますが、「知りますか」「はい、知ります」という会話は成立しません。これは【知る】という動詞が「食べる」「見る」「読む」という<u>動作を表す動詞</u>とは違い、「知っている」「住んでいる」「結婚している」というように「～ている」の形で<u>状態を表す動詞</u>だからです。しかし、学習者はこれまでの動詞で「食べますか」「はい、食べます」という練習をしてきているため「知りますか」「はい、知ります」とつい言ってしまいます。また、「知っていますか」につられて「いいえ、知っていません」と答えてしまうこともあります。

　このような言い間違いを防ぐために、Q&Aの練習を何度もする必要があります。このQ&Aが使えるようになると、今まで「～は何ですか」「～がわかりますか」などで代用していたことを「～を知っていますか」を使って情報交換ができるようになります。

　【わかる】は教室用語として使われます。しかし、教師が授業中に「わかりますか」を多用するのはナンセンスです。学習者が理解できているかどうか確認するには、質問に答えさせたりロールプレイなどの活動をした時に正しく使えているかどうかをみるなど、方法を工夫すれば判断できます。こちらの自信がない時ほど「わかりますか」を繰り返しているものです。

⋮⋮⋮⋮ STEP 2 ⋮⋮

　すべて【知る】も【わかる】も使うことができます。しかし、それぞれの場合の効果や意味合いは変わるので、学習者にはその違いを伝える必要があります。

　私たちはあまり意識することなく、すぐ教えてもらえることを期待して聞く場合は「知っている」を使い、調べてでも教えてもらえることを期待して聞く場合は「わかる」を使うのではないでしょうか。つまり、1の会話で「わかる？」と聞いている人は<u>会議のスケジュールを調べてほしい</u>という期待を込めて言っているわけですから、答える側はその場でわからなくても、相手の心を察して、「今調べます」や「ちょっと待ってください」と答えるでしょう。もちろん「はい、わかります」で会話が終了することは考えられません。「わかりますか」の質問の答えとして「はい」「いいえ」を期待しているのではないことを学習者に伝えましょう。

　同様に「知っていますか」に対しても、知識の有無を問うているのではないのですから、「はい」の場合はその後に「知っています」を続けるのではなく「6時からです」

と即答えがくるでしょう。反対に、「いいえ」の場合は「いいえ」すら言うことはなく「すみませんが」「申し訳ありませんが」と答えるでしょう。

　このように、文法上の紋切り型の会話は日本社会では摩擦を生じることがあるため、人間関係を円滑に運ぶための気遣いについても学習者には理解してもらえるよう努める必要があります。また、2のようにアドバイスを求めている人に「知りません」と言った場合も、ただ単に知識の有無を答えたとは受け取ってもらえないこと、それは〈会話を完全に断ち切りたい〉〈関心がない〉という意思表示、態度表現になって相手に悪意や敵意さえ感じさせてしまうということも学習者に伝えましょう。

::::: STEP 3 :::::::::::::::::::::::::

　この場合英語では「I don't know」と言ってもいいので、〈know＝知っている〉と理解している学習者はこのような答え方をしてしまいます。このような学習者には、まず英語の「know」は日本語の「知っている」と「わかる」の2つの意味が含まれていると教えなくてはいけません。その上で【知る】【わかる】の違いをはっきり示す必要があります。

　「知らない」はただ単にその情報がない場合に使い、「わからない」は考えても答えが出ない場合に使います。基本的に自分のことについて「知らない」はずはないので、こんな時には「（まだ）わかりません」や「まだ決めていません」と言うのだと、訂正しましょう。

日本語教師のカバン

●●●●●●●●●●●●●●●●●●●●●●●●●●●●●●●●●●●●●●

　カバンの中身はさておき、まず一言。重いです!!　間違いなく重いです。初級担当者などは、教材やら教具やら、登山用のリュックサックでも使いたい気分です。

　では、中上級担当者であれば、ちょっとは軽いのでしょうか。残念ながらあまり軽くはありません。辞書やら教材の本やらで、やっぱり重いのです。昨今、電子辞書が出回っておりますが、きっと日本語業界の人々は学習者も含め、お得意様でしょう。

　肝心の中身のほうはというと、日本語教師のカバンの中にはレベルに関係なく必ず入っているものがあります。それは……赤ペンです。筆記用具を常時携帯している人は数多くいらっしゃるかと思いますが、日本語教師は絶対といっていいほど赤ペンを携帯しています。そう、いつでも、どこでも……。海外赴任者などは日本から高品質の赤ペンを大量に持参するという噂もありますね。

　以前、休日に受け持ちクラスの学習者と上野公園へ遊びに行ったことがありました。同僚の教師も同行したのですが、彼女のカバンは傑作でした。私の小さいカバンとは対照的に、彼女のカバンは授業もないのにいつものように大きいのです。「一体何を持ってきたの？」と覗いてみると……。そこにはボールと地図が入っていたのです。

　なんとあっぱれな日本語教師魂!!　急な計画変更にもすぐに対応できるようにという配慮から地図を、何もないところでも遊べるようにとボールを持参していたのです。

　閉園時間に間に合わず入園できなかった動物園の前でのキャッチボールとおいしい店の捜索に、彼女のグッズが見事に役立ちました。脱帽。

ずいぶん

先生、写真拝見しました！【ずいぶん】かわいい赤ちゃんですね！
（周りはヒヤヒヤ……）

:::::: STEP 1 :::

Q 次の文の空欄に「とても」か【ずいぶん】を入れるとしたら、どちらがより自
然に聞こえますか。違和感がある場合は、その理由を考えてみましょう。

1．山田さんのお嬢さん、しばらく見ないうちに（　　　　　　　）大きくなりま
したね。
2．先生がこの絵、お描きになったんですか！　（　　　　　　　）お上手ですね。

:::::: STEP 2 :::

Q 【ずいぶん】を使った文を次に6つ挙げました。【ずいぶん】の後ろに（　　　）
があります。ここには言葉が入らなくても自然な文なのですが、あえて入れると
したらどのような言葉が入るか考えましょう。

（例）ずいぶん（内容が）難しいことを勉強してるんですね。

1．ずいぶん（　　　　　　　）歩きましたが、まだ見えてきません。
2．ずいぶん（　　　　　　　）飲んだけど、一人で帰れる？
3．A：あれから何時までパーティーにいたの？
　　B：ずいぶん（　　　　　　）いたよ。
4．A：パーティー、何人来たの？
　　B：ずいぶん（　　　　　　）いたよ。

:::::: STEP 3 :::

Q 【ずいぶん】を教える導入として、例えば「ずいぶん重い」という表現を使うこ
とにしましょう。何を使ってどのように導入しますか。

　　ヒント：【ずいぶん】のキーワード、〈思ったより！〉という点に注目し、「とても」との
　　　　　　違いが明らかになるよう導入しましょう。

確認しましょう

:::::: STEP 1 ::

1には「とても」も【ずいぶん】も両方入れられますが、2では【ずいぶん】を使うと不自然です。これは【ずいぶん】が「思っていたよりずっと、かなり」と驚きを込めていう場合の表現だからです。しかも、「気に入る」という自分の意志に関わる動詞を「思ったより」という意味を含むこの言葉と一緒に使うのはナンセンスです。同様に「ずいぶんたくさん食べたい」や「ずいぶん早く起きよう」なども言いません。

:::::: STEP 2 ::

1．ずいぶん（長い距離を）歩きましたが、まだ見えてきません。

2．ずいぶん（たくさん）飲んだけど、一人で帰れる？

3．B：ずいぶん（遅くまで）いたよ。

4．B：ずいぶん（たくさん）いたよ。

【ずいぶん】の後ろには以上のような語が省略されていますが、いずれも〈思ったより！〉という点では共通しています。このキーワードを見失うと、省略が多く学習者にとってわかりにくいことがあります。教える時は、こうした省略があることを念頭に場面を作り、【ずいぶん】を使って驚いてもらいましょう。

:::::: STEP 3 ::

予想や期待と違って、「わ～」と言いたくなる場面を用意しましょう。導入でも練習でも、「わ～」や「あれ～」、「ですね！」などを使って、感情を込めて大げさに練習するとよいです。例えば教師がジェスチャーし学習者がコメントする、などがお勧めです。

（例1）T：（小さいカバンを重そうに持ち上げる）

→普通、〈小さいカバン＝軽い〉というイメージを利用する。

S：わ～、ずいぶん重そうですね！

（例2）T：（落書き風の絵を見せ、「この絵、好きですか」と聞き値札を見せる）

S：わ～、ずいぶん高いですね！

（例3）T：（おそばを食べるジェスチャーをし、15秒近くすすり続けて見せる）

S：わ～、ずいぶん長いそばですね！

ずっと　　もっとよくなりましたね!? ずっときれいに書いてください!?

:::::: STEP 1 ::::::

Q 1、2の順で例文をそれぞれ見比べて、【ずっと】と「もっと」の違いを考えてみましょう。

1. A　ずっとたくさん塩入れてよ。
   B　もっとたくさん塩入れてよ。
2. A　中国は日本よりずっと大きいです。
   B　中国は日本よりもっと大きいです。

:::::: STEP 2 ::::::

Q STEP1の【ずっと】と次のものとは、どのような類似点、相違点がありますか。また、このような【ずっと】を導入する際、どのような点に注意したらよいでしょう。

1. 新宿からずっと歩いて来ました。
2. あなたが来るのをずっと待っていました。

:::::: STEP 3 ::::::

Q 学習者から、『「とても」と【ずっと】は同じですか?』だとか、『「バスはタクシーよりとても安いです」と言えますか?』と聞かれることがあります。答えはもちろん「No！」ですが、みなさんならこれにどう対処しますか。

確認しましょう

::::: STEP 1 ::

　1の例では、Aの【ずっと】は不自然ですが、Bは自然です。さらにいうと、「もっと！」だけでも意味は通じますが、「ずっと！」では意味不明です。これは「もっと」が「今以上に必要、欲しい」という意味を含むのに対し、【ずっと】は「予想以上」という程度の表現にとどまるからです。

　では次に、2の例を考えましょう。Aでは中国と日本を比べ、その差が非常に大きいことを言っています。一方、Bには不似合いなぎこちなさがあります。それは「もっと」という表現が極端に程度の差があるものには使えない特徴があるからです。したがってこの場合、日本との比較ではなく、アメリカと中国を比較すれば不自然さは解消されるわけです。

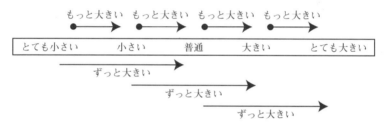

::::: STEP 2 ::

　1は距離（空間）の長さ、2は時間の長さという違いはありますが、行為が長く続くという点は共通しています。ですから導入する時は、共通しているポイント、〈長く続く〉ということをわざわざ言いたくなる場面を想定しましょう。ずいぶん長いと疲れてヘトヘトになりますが、こういった気持ちを大事に導入すると、「ずっと歩いてきたんです」に対して「大変でしたね」、「ずっと待っていたんですよ」に対して「すみません」といった言葉が自然に出てくるはずですし、またそうなれば導入は大成功です。

　【ずっと】という表現を選ぶ理由が距離や時間の長さを訴えたい、つまり、その長さに対する相手の同情、共感、感謝、謝罪を期待して使う表現だということを教師は念頭に置きたいものです。

::::: STEP 3 :::

（例1）【ずっと】の説明をしっかりもう一度する方法

「インターネットを使いますか」

「前はアナログでしたね。とってもゆっくりでした」

「でも、今はとても速いですね。全然違いますね」→「ずっと速いです」

　このように、【ずっと】は「2つのものを比べその差が大きいこと」ということを
ハッキリさせることがポイントです。そのためには、学習者が想像しやすく、共感を得
やすい説明が大切です。もし、コンピューターに詳しくない学習者であれば、ほかの例
を出してください。

（例2）パターンとして覚えてくださいと言い切る方法（押し相撲作戦！）

　ずばり、こう言ってしまいます。

「〈AよりBは、ずっと〜です〉というのはセットです。この表現では『とても』は
　使えません」

　こうした対処法に、「えぇ!?　こんなんでいいの？」と思う人もいるかもしれません。
しかし、利点があります。説明をしすぎると文法マニアを育て、テストはよいけど話せ
ないという学習者を育ててしまうかもしれません。学習者としても、このような説明の
ほうが考えずに済みすっきりする場合があります。いつもこのような説明をすることは
問題がありますが、説明しすぎないようにコントロールするのも教師の力量です。教師
は訂正する時にも色々な訂正パターンを瞬時に考え、最良のものを選択したいですね。

日本語の筆跡で国籍がわかる!!

●●●●●●●●●●●●●●●●●●●●●●●●●●●●●●●●●●●

　多国籍クラスで教えていると、国籍別に筆跡の傾向があることに気が付きます。

　韓国人学習者は性別に関係なく、丸文字傾向にあります。ハングル文字との関係があるのでしょう。一方、同じ丸文字でもスリランカ人学習者は、どういうわけか字が小さいのです。しかも、半端じゃなく小さい字を書きます。スリランカの公用語であるシンハラ文字の形から丸文字傾向になってしまうのは納得できるのですが、なぜこんなに小さい字を書くのか……謎です。

　漢字圏学習者は、添削するのがはばかられるほど達筆か、添削する気がなくなるほど乱筆かのどちらかです。きちんと丁寧に書くように指導しますが、あの乱筆ぶりはなかなか直りません。どうやら、楷書体は幼稚なイメージがあるらしく行書体を好んで使用するらしい、という話を聞いて納得しましたが……。やはりきれいに書いて欲しいですね、添削する側としては。

　また、漢字を書き慣れている学習者の書くひらがな・カタカナは、そうでない学習者の筆跡とくらべて整った傾向があります。

　私たちは普段何気なく書いている漢字ですが、実はあのハネやハライは手先の器用さを要求するのだそうです。その結果、漢字のハネやハライが大げさになって生まれたひらがな・カタカナにもその手先の器用さが威力を発揮されるわけです。非漢字圏の学習者にとっては、私たちの想像以上に日本語を書くという作業は大変なことだといえるでしょう。

　しかし、鉛筆やペンではなかなかその感覚がわかりにくいハネやハライも、筆で書いてみるとかなり実感することができます。非漢字圏の学習者には、初級段階で初めて漢字を学ぶ際に筆ペンを使用して、最初から感覚ごと漢字を学習していくことをお勧めします。

ぜひ

押し付けがましくならないように

:::::: STEP 1 :::

Q 次の文はいずれも適当ではありません。どこがおかしいのか考えてください。

1．ぜひ結婚したい。

2．ぜひ忘れよう。

3．ぜひ晴れてほしい。

:::::: STEP 2 :::

Q パーティーで知り合った人を、あなたの家に招待しようと思っています。その時の気持ちは？　あなたなら次のどの表現を使いますか。

A　明日のパーティーには<u>ぜひ</u>いらしてください。

B　明日のパーティーには<u>絶対</u>いらしてください。

C　明日のパーティーには<u>どうぞ</u>いらしてください。

:::::: STEP 3 :::

Q 次の会話文を完成させてください。また、Bがどのような反応を示すとAが【ぜひ】を使いやすくなるか考えてみましょう。

1．A：今度うちの会社で健康セミナーがあるんです。

　　B：_____。

　　A：そうですか。じゃあ、<u>ぜひ</u>いらしてください。

2．A：引っ越ししたんですけど、マンションの25階だから夜景がきれいなんですよ。

　　B：_____。

　　A：<u>ぜひ</u>一度遊びにいらしてください。

確認しましょう

::::: STEP 1 ::

　【ぜひ】は、〈(誰かに) こうしてほしいと強く願う時〉や、自分の経験上よかったと感じたことを、相手にもよかれと確信して〈試してみることを強く勧める時〉などによく使われます。この問題の文は、いずれも上の説明に当てはまるのに適当ではありませんね。なぜなのでしょう。

　1～3 (結婚、忘れる、晴れる) に共通する点として、望んでも独断では簡単に実現できないもの、つまり自分ではコントロールできないものであることがわかります。ですから、「ぜひ！」と勧めること自体がナンセンスなわけです。

　ところで、教室で教える際、【ぜひ】というのは「～てください」「～てほしい」「～たい／ようと思う」など、願望や依頼の強調だと教えてしまうと、「ぜひ」に含まれる〈勧め〉の意味を取らない動詞を学習者が使ってしまうことになります。例えば、「食べてください」「来てください」などは〈勧め〉にも〈依頼〉にもなりますが、「持ってください」「押してください」などは一般には依頼、指示、命令として使われます。そうした命令的な言葉に【ぜひ】という勧めの言葉は不似合いなのです。

　ほかにも【ぜひ】と一緒に使うと違和感のある動詞にどんなものがあるのか、ぜひ探してみてください。

::::: STEP 2 ::

　【ぜひ】に対し「絶対」は、この機会を逃したら次はないかもしれない、断らないでほしいなどの切羽詰まった気持ちが伝わります。つまり、依頼という形をとった命令として使われます。言われたほうは、よほどの理由がないと断れません。これに対して「どうぞ」はこちらの意思を尊重した意味合いになるので、素直に「ありがとう」と受けやすくなります。

　例えば旅行会社の受付で「このパンフレットもらってもいい？」と聞かれたとします。受付係は「絶対お持ちください」などと命令じみた強硬な言い方は絶対しません。「どうぞお持ちください」と言うのが普通でしょう。熱心な係なら、さらに「そのツアーはお勧めですよ。ぜひ御検討ください」と、客の背中を押す勧めの一言をつけるのではないでしょうか。

::: STEP 3 :::

　【ぜひ】という表現は、相手に強く勧める時に使うので、相手の状況や気持ちを全く考えずにいきなり使うと、強引な印象を与え、嫌われます。【ぜひ】を使うタイミングは、相手が興味を示した手応えを感じたころが一番効果的です。ですから、Bの反応としては、「面白そう」とか、「行ってみたい」など、誘いに対する興味を示す会話のほうが自然に聞こえます。

　これに対して、実際の会話の中に相手が興味を示さないような「ふーん」とか「あっ、そう」などの反応の場合、【ぜひ】と強く誘うのが少し躊躇されるでしょう。このように興味を示さない反応を受けた時のための、会話の展開のさせ方を教えることもコミュニケーションのためには重要です。次に示したようなチャートを使って練習をしてみてはどうでしょうか。

Aによる話題の提供〈誘う〉

新しい家、夜景がきれいなんです。

Bの反応

へえ、いいですねええ。　　　　　　　　　　ふうん／あっそう

＜興味を示した場合＞　　　　　　　　＜興味を示さない場合＞

Aの対応

ええ、ぜひ遊びに来てください。来週の週末なんてどうでしょう？　　お宅はどうですか。　　　東京タワーも見えるし、……

＜話題を変える＞　　または　　＜さらに説明を加える＞

＜あと一押しで相手を決断へ導く＞

へえ……

＜興味を示した場合＞

梅雨対策

●●●●●●●●●●●●●●●●●●●●●●●●●●●●●●●●●●●●●●

　多国籍の学校で教えていると、ちょっとびっくりする光景に出くわしたり、思いもよらない質問を受けたりします。

　四季のない国から来た学習者はまず服装で困ります。特に梅雨の時期はジメジメ蒸し暑かったり、急に冷え込んだりして「何を着ていいかわからない」のだそうです。以前、ガーナから来た学習者が革ジャンにTシャツで、温度や湿気に対応して革ジャンをまくったり、はだけたりさせていました。苦肉の策ですね。革ジャンの肩をはだけさせて授業を受ける彼の姿はまさに艶姿でした。

　梅雨がらみの質問で面白かったのは、

・「日本人はどこまで冷蔵庫に入れる？」（スコットランド）

　　→果物まで冷やすなんて!!　どうして!?

・「日本人はどうしていつも傘を持っている？」（スウェーデン）

　　→霧雨や小雨はジャケットでしのげるのに……どうして？

・「私の靴が大変なことになりました。あれは何ですか？」（ドイツ）

　　→彼は国から持ってきたすべての革靴にカビを繁殖させていました。

といったところでしょうか。

　笑えるうちはまだよいのですが、1年中夏の南アジアやアフリカから来る学習者には梅雨は大敵です。体調を崩したり、精神的にも滅入ってきたりします。

　カビ対策や体調管理方法も、日本語と合わせてレクチャーして、うっとうしい梅雨の季節を元気よく乗り切りましょう!!

たくさん／多い 　　雨がたくさん（量）／ 雨が多い（回数）

:::: STEP 1 ::

Q 【たくさん】と【多い】の意味は同じでしょうか。次の例文3つを、「たくさん→多い」、「多い→たくさん」に置き換えてみましょう。置き換えられないものは、その理由も考えてください。

　1．台風は秋に多い。

　2．たくさん食べた。

　3．今年は全国的に降水量が多い。

:::: STEP 2 ::

Q 大抵の形容詞は次のように2つの使い方ができます。
　①目が<u>大きい</u>　〈〜が＋形容詞〉　→文の述語になる
　②<u>大きい</u>目　〈形容詞＋名詞〉　→名詞を修飾する
【多い】についても同じように2通りの言い方ができるかどうか、例文を作って考えてみましょう。

:::: STEP 3 ::

Q 初級の学習者が作文の宿題に「東京には多い車がある」と書いてきました。どう訂正しますか。

確認しましょう

：：：STEP 1

1．？　台風は秋に<u>たくさん</u>（来る）。

2．？　<u>多く</u>食べた。

3．×　今年は全国的に降水量が<u>たくさん</u>。

　1と2ではなぜ不自然なのでしょう。それは【たくさん】が数や量が多いということについての表現であるのに対し、【多い】は、<u>数そのものは少なくても比較すると多い</u>という使い方ができるからです。つまり、1のもとの文が正しいのは、「台風は（夏に比べて）秋に来ることが多い」という意味がくみ取れます。これに対し「たくさん（来る）」というと、（夏や冬ではなく）秋に台風が集中して来るという印象を与え不自然です。また2の「多く食べた」は不自然ですが、比較表現として「山田君より多く食べた」という時は問題ありません。

　また、【たくさん】は<u>量を表す名詞</u>には使えないので、3のように「<u>降水量</u>がたくさん」や「<u>人口</u>がたくさん」のような使い方はできません。

：：：STEP 2

　ちょっと考えるとわかるように、「車が多い」とは言えますが、「多い車」とはいえません。通常、「大きい目」のように形容詞は名詞を修飾できるので、学習者はそのルールを一般化して「東京には<u>多い人</u>がいます」といった誤用をします。これはなかなか直りにくいもので、注意が必要です。

　一方、「<u>髪が多い人</u>にはこのリンスをお勧めします」といった使い方が正しいのはなぜかと聞かれます。これがおかしくない理由は、文の構造にあります。この文は連体修飾と呼ばれ、二重構造になっています。つまり「髪が多い」という節が「人」を修飾しているのであって「多い」が直接「人」にかかっているのではないのです。

東京には　<u>多い</u>　<u>人</u>が　います。

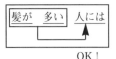

OK！

〈東京＝多い〉では意味が通じませんが、〈髪＝多い〉とは言えるという違いがポイントです。

::::: STEP 3 ::::::::::::::::::::::::::::::::::::

　初級の段階では〈多い＋名詞〉はまだ使えないので、「東京には車が多い」と訂正するか、〈たくさん＋動詞〉で、「東京には車が<u>たくさんある</u>」とするのがよいでしょう。この文型は「～は～が文」と呼ばれ、状態や性質を描写する表現です。【多い】を学習する時にはまだ教えていないこともありますが、学習者が聞いてきた時がチャンスです。深入りする必要はありませんが、教えてあげましょう。

　ところで、中級、上級になり生の教材に触れると、〈多い＋名詞〉であっても誤用ではないケースが出てきます。例えば「一番多い時は、1日300人のお客が来たよ」といったように比較を表す修飾句を伴っているものです。しかし、これは必要に応じて改めて説明するほうがよいと思います。

漢字学習法

●●●●●●●●●●●●●●●●●●●●●●●●●●●●●●●●●

　日本語学習ではひらがな・カタカナ・漢字と３種類の文字を学びます。中でも非漢字圏出身者に不評極まりないのは漢字です。「全部ひらがなでいいじゃないか」と主張する学習者もよくいますが、ここで苦労しつつもがんばってもらいます。しばらくして既習文法や語彙が増えてくると、「ひらがなばかりは読みにくい！　漢字は便利！」と見解を改めてくれます。そんな時はすかさず褒め称え、漢字学習に励んでもらえるようにしましょう。

　一方、漢字圏の学習者は非漢字圏の苦労をよそに「楽勝！　楽勝！」とばかりに進んでいきますが、そんな時こそご注意ください。「学」や「海」のように中国漢字とほとんど同じだけどちょっと違う、という漢字をチェックしてください。違うという認識すらないまま使用しています。「学」については台湾使用の繁体字もなかなか直りません。特に作文など、ひとつひとつの文字までになかなか気が回らなくなる作業をしている時に多く見かけます。

　さて、知っているが故の苦労、知らないが故の苦労があるわけですが、記憶するということについてはすべての人々に共通する困難な作業です。

　日本人の私たちは、小学校のころ漢字練習帳で何度も漢字を書いて覚えました。大まかな形だけでなく、ハネやハライ、点の向きに至るまで細かく手で記憶していきます。そんな経験から「漢字は書いて覚えよう」と勧めがちになります。

　しかし、国が変われば学習方法も変わります。記憶という作業に「書く」という手段を用いない学習者もいます。穴の開くほど見つめ続けて覚えるインド人学習者の背後からは「pi! pi! pi!」というコンピュータ音が聞こえた気がする、とは同僚の話です。

　学習者の書く字で、奇妙な形のさんずいや不自然な繋がり方をしている「さ」は、明朝体でプリントされたものを「見て」覚えた弊害とわかります。漢字学習の際には教材のフォントにも注意しましょう。教科書体がお勧めです。

出す／出る／出かける　　どれがどれだかわからなくなる？

::::: STEP 1 :::

【出す】と【出る】はいわゆる自他動詞と呼ばれているものです。漢字が同じで
音も似ている自動詞と他動詞は、どちらを使うべきか覚えるのも使うのも大変な
難関です。

Ⓠ 次の言葉に続けられるのは【出す】ですか、【出る】ですか。助詞に注意して考え
てみましょう。

手紙／レポート／電車／お金／芽／ゴミ／手／

雑誌／涙／試合／虹／国／舌／テレビ／記事

出す＿＿＿＿＿＿＿＿＿＿＿＿＿＿　出る＿＿＿＿＿＿＿＿＿＿＿＿＿＿

::::: STEP 2 :::

Ⓠ 【出かける】も【出る】との混同が起きてしまうことがあります。例えば、「6時
に電車が出かけてしまうので、急ごう」とか「家を出かける前に電話します」と
いう文を作ってしまうのですが、どうしてだと思いますか。

::::: STEP 3 :::

Ⓠ 「水を出す」と「水が出る」を使って教えてみましょう。これらを誰かに言う時、
〈水〉を見ますか、〈話す相手〉を見ますか。

すいません！水を出して下さい

水がでないよ

確認しましょう

::::: STEP 1 :::

　片方しか入らない語（例：手紙を出す、虹が出る）と両方入れられる語（例：試合に出る／出す）とありましたね。

　さて【出す】とはどういう意味でしょうか。人や犬など意志のあるものが何かを自分のエリアから外へ移動させることです。「私はゴミを／手紙を／お金を／出す」のように使い、目的格の助詞「を」を使います。

　それでは【出る】はどうでしょうか。こちらは、出るものや人自身が、そのいる場所から外へ移動することです。例えば「地面から芽が出る」「ホームから電車が出る」「私が国を出る」などです。

 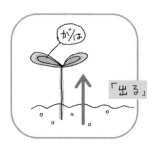

　また、ほかのところに現れる場合、例えば「彼がテレビに出る」「妹が試合に出る」「記事が新聞に出る」などにも使われます。「試合に出る／出す」は、誰かを〈出す〉のか、私が〈出る〉のかによって両方が可能になるわけです。

::::: STEP 2 :::

このような間違いが出てくる原因は【出かける】と【出る】がどちらも〈今いる場所から外へ移動する〉という意味があり、その違いを混同しやすいからです。このような似た意味を持つ語彙を扱う場合には〈どこに違いがあるのか〉を明確にしておきましょう。存在する場所が助詞の「を」で示されている場所から外に移るのが【出る】であり、【出かける】は「に／へ」で示された場所に向かうことを指します。つまり「会社を出る」、あるいは「市民プールに／へ出かける」となります。また【出かける】ことができるのは、意志を持つヒト（擬人化した動物）だけだということも説明する必要があるでしょう。

::::: STEP 3 :::

【出る】は「虹が出る」のように勝手に出てくる【出る】だけではありません。蛇口をひねっても水が出てこない時、水の出口を覗き込みながら「水が出ない」と言いますね。このように、その人が働きかけているのに自動詞を使うというのが学習者にわかりにくいようです。導入時にはそれぞれがどんな状況で使われるのかということに注目させる必要があります。これらのセリフを最初に言う時、「あれ？　水が出ない」は水を見て、「すみません。水を出してください」は、それを言う相手の顔を見ているということに導入のヒントがあると思います。

さらにステップアップ！

具体的にやり方を考えてみましょう。例えば、学習者の顔を見ながら「みなさん！私は水を出しますよ」と言って蛇口をひねります。そして「あれ？　水が……！」と自分で水の出口を凝視し、学習者の視線を蛇口に向けさせます。〈水〉の状態に視点があるということがわかるように「水が……」を強調した後で、「あれ？　出ません」、何度か蛇口をひねり水を指差しながら「あ！　出ました！　水が出ました」とやってみるといいでしょう。「あれ??　ふたが開かない！」とか「あ、電気がついた」など、ほかの自他動詞も同様に導入できると思います。いずれの場合も〈もの〉に学習者の視点が向くようすれば自動詞が、その動作をする教師に視点が向くようにすれば他動詞が導入できます。

ティーチャージェスチャー!?

『ティーチャートーク』とは文を短く言ったり、例を出しながら言ったり、噛み砕いてわかりやすく伝える教師が用いるコミュニケーション手段のことです。これを学習者のレベルにより使い分けることが大切です。実はティーチャートークは言語だけでなく、非言語も含み、教師のジェスチャーも特徴があり、これを観察するとなかなか面白いんです。ここでは、キラリと光る技ありジェスチャーベスト3を発表します！

第3位は"右手ストップ＋左手スライドのジェスチャ〜"。

「うどんを…」 ▶ （続きを言って！）

これを使う時：例えば、動詞の過去形の練習で「昨日、何を食べましたか」と聞くと「うどん……」と一語文で返されることがあります。教師としては「うどんを食べました」と言ってほしい！　だってその練習ですから。そこで「うどんを……」と言いながら右手を前に出しストップ。続いて左手を横にスライドさせ（続きを言え！）と柔らかく促すんです。ちょっと切ないジェスチャーですね。

さあさあ、続いて第2位は"格さんの印籠ジェスチャ〜"。

「私」 ▶ （「の」ですよ！）

これはおわかりでしょう。例えば学習者が「私本です」と「の」を落として言った時。教師が右手を出しつつ「私」とだけ言い、左手で水戸黄門の格さんが印籠を見せるようにして「の」を提示。「私の本」と直させるのです。非常に便利ですが、助詞を落としがちな学習者には一日に何度も印籠を見せるはめになります。

そして、輝く第1位は"下向きピースの回転ジェスチャ〜〜"！

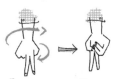

「本の私」(!?) ▶ 「私の本」

「本の私」と語順を間違えた学習者にこのジェスチャーを使い、「私の本」と訂正します。右のように、下向きにした「ピース」をクルッと回転させるだけでOK！　実はこれ、全く言葉の説明なしでジェスチャーだけで誤用を訂正しているのを見たんです。その時は、おお、この先生は教授のプロだなと思い、同時にこの学習者も学習のプロだなと思いました。2人の心と心が、言葉はなくても通じ合いスパークしていました。そんな感動的なジェスチャーです。

助ける／手伝う　　2つの「help me」

:::::: STEP 1 :::

Q 学習者が次のような文を作りました。学習者は何を言いたかったのでしょうか。またどうしてこのような誤文が出たのだと思いますか。

　　1．明日友達の引っ越しを<u>助ける</u>つもりです。
　　2．川で溺れている子供を<u>手伝った</u>。

:::::: STEP 2 :::

Q【助ける】と【手伝う】の違いは何でしょうか。それを考えながら、【助ける】【手伝う】のどちらかを適当な形にして下線部に入れてください。どちらも使える文があれば、それぞれの場合の違いを考察しましょう。

　　1．ハイジは昨日、おじいさんがチーズを作るのを＿＿＿＿＿＿＿＿＿＿＿＿＿。
　　2．ある日、おじいさんは傷ついた鶴を＿＿＿＿＿＿＿＿＿＿＿＿＿＿＿＿＿。
　　3．（溺れている子供に）がんばれぇー！　今＿＿＿＿＿＿＿＿＿＿＿＿＿!!
　　4．今日の株主総会で、彼は司会者を＿＿＿＿＿＿＿＿＿＿＿＿＿＿＿＿＿。

:::::: STEP 3 :::

Q【助ける／手伝う】を導入する際、どんな状況を取り上げるのが最適だと思いますか。その理由も考えてください。

確認しましょう

STEP 1

　英語の「help me」は、「助けて」とも「手伝って」とも訳せるので、学習者は両者を混同してしまうことがあります。そのため「明日友達の引っ越しを<u>手伝う</u>つもりです」と言うべきところを「<u>助ける</u>」を使ってしまったり、「川で溺れている子供を<u>助けた</u>」と言うべきところを「<u>手伝った</u>」と言ってしまったりします。

STEP 2

　STEP1を踏まえて例文に目を通してみましょう。

　1の答えは「手伝った」です。

　私たちがどんな時に【手伝う】を使っているのかを考えてみると、実際困っている状況にあるものの、誰かの助けがなくても何とかなる場合であることがわかります。自力で解決できる状況で【助ける】を使うのは不自然です。

　2は「助けてやった」、3は「助けるぞー」が適当ではないでしょうか。

　私たちは自力ではどうにもならない状況下、もし誰かの助けがなければ最悪の事態に陥ってしまう場合に【助ける】を使っています。命や立場に関わること、精神的な側面を持つ時などの緊迫した状況においては、【手伝う】なんて悠長なことは言っていられませんね。

　4は「助けた」でも「手伝った」でもいいのですが、置かれている状況が異なります。「司会者を助けた」は、窮地に陥った司会者を救った。一方「司会者を手伝った」は、司会者のアシスタントを務めたという状況が考えられます。

::::: STEP 3 :::::::::::::::::::::::::::::::::::::

　導入する際は、【助ける】【手伝う】どちらでも言えるものは避けます。

　【助ける】は溺れて助けを求めている人、火事で建物に取り残された人などを、絵を使って導入するといいでしょう。いつ、どこで、どんな場面で、誰が誰に助けを求めているのかを具体的に提出し、「危ない！　誰か！」「アーッ、もうダメだ！」と叫ぶなど、緊迫した状況を演出してください。

　【手伝う】はパーティーの準備などで導入します。まず学習者にどんな準備をするのかを挙げてもらい、それらを1人で準備するのは時間がかかって大変だという気持ちを共有します。そして「1人でもできるけど……大変だなあ」と独り言、「みなさん、時間がある人は手伝ってください」とお願いします。さらに「みなさんが手伝ってくれたので準備が早く終わりました。ありがとう！」と感謝の言葉を伝えましょう。

　いずれも導入にあたっては、置かれている状況や感情を学習者と共有しながら視覚に訴えていくと、活き活きとわかりやすい授業になります。

「手伝ってください」じゃダメ？

●●●●●●●●●●●●●●●●●●●●●●●●●●●●●●●●●●

　学習者は「手伝う」を学習すると、とても便利な依頼表現だと解釈して頻用することがあります。次の例を見てください。

　　1.「先生すみません、私の作文を手伝ってください」
　　2.「マネージャー、大変申し訳ないのですが、仕事を手伝っていただけ
　　　ないでしょうか」

　これらの例文は決して間違いではありません。けれど、私たちは先生やマネージャーに対して、実際にこう依頼することがあるでしょうか。
　目上の人に対して「手伝って」を使うのは失礼にあたり、依頼されて不愉快に思う人がいます。不愉快と感じないまでも、もし1のように依頼されたとしたら、「何か言葉がわからないのですか」「書き上がった作文をチェックすればいいのですか」と相手に確かめなければなりませんね。
　2のように頼まれた場合は、「いつ？」「今何やってるの？」と、相手の仕事の内容をこちらから聞いていかなくてはならないのです。
　このことからわかるように、両者が置かれている状況と、何をどうすればいいのかという手順が共有されている関係でこそ、「手伝って……」という依頼が円滑に機能するわけで、「手伝って……」の依頼は、〈改めて説明しなくてもわかる〉ということを前提にしているのです。ですから、目上の人やさほど親しくない相手への依頼は、

　　1.「すみません、ここではどんな言い方をすればいいのでしょうか……」
　　2.「マネージャー、整理した伝票に目を通していただけないでしょうか」
など、自分が今どんな状況にあり、何をどうして欲しいのかが相手にしっかり伝わるような表現を使いましょう。日ごろの会話でも、ただ丁寧さにこだわるより、依頼された側がとまどったり困ったりすることのないよう、コミュニケーションの視点をはずさない会話を心掛けてください。文型にとらわれて、安易に不自然な状況を提出しないよう注意したいものです。

楽しい／嬉しい／面白い

心がうきうきする感じ

:::::: STEP 1 ::

Q 次の例を見て、【楽しい】と【面白い】の意味の違いを考えてみてください。

　　1．一人旅は（○面白い／○楽しい）。
　　2．この本は（○面白い／×楽しい）らしい。
　　3．昨日見た映画は（○面白かった／×楽しかった）。
　　4．（○面白い／×楽しい）考え方をする人ですね。

:::::: STEP 2 ::

Q 学習者に次のように言われることがあります。どういう意味だと思いますか。

　　1．「この学期はとても嬉しいです。先生、ありがとう」
　　2．「子供の時、私はとても嬉しかったです」

:::::: STEP 3 ::

Q 次の会話を見て、形容詞がコミュニケーション上果たしている役割を考えてみましょう。

　（パーティーの後で）
　　山田：ああ、楽しかった！　食べ物もよかったしね。
　　小川：ほんと。楽しかったね。鈴木さんは？　疲れた？
　　鈴木：いいえ。おかげさまで、私も楽しかったです。
　　小川：そう？　それならよかったけど。
　　鈴木：ほんとに。誘っていただいてありがとうございました。

確認しましょう

::::: STEP 1 :::

　【面白い】も【楽しい】も〈心がうきうきする感じ〉という点で似通った場面で使われることが多く、学習者に説明する時にはその違いを明確にしておく必要があります。似ている言葉の違いを考える時には、たくさんの例文を考え、「どちらでも言えるもの」と「片方でしか言えないもの」を探し比べてみるという方法があります。

　ここでは、1だけが両方言えて2〜4では【楽しい】が言えないわけですが、こういう場合、1の「一人旅」という言葉に分析のカギがあると考えます。「一人旅」は一人で旅をするという状況を表しますが、2〜4の「本」「映画」「考え方」といった言葉はどうでしょうか。これらは状況を表す言葉ではありませんね。すると【楽しい】とは、その状況に身を置いた時に感じた〈心のうきうき〉であり、【面白い】はある事やものに対して感情的にまたは知的に〈心がうきうき〉することなのではないかと考えられます。「パーティー」という言葉が両方可能なのも、ある目的の為に人が集まり飲んだり食べたりして過ごすことそのものに対して「面白かった」と言えますし、そのような状況に身を置いたときの心の状態として「楽しかった」と表現することが可能だからでしょう。

::::: STEP 2 :::

　【楽しい】【面白い】と同様に〈心がうきうきする感じ〉を表す形容詞として【嬉しい】というのがあります。問題のような間違いは英語圏の学習者に多く見られるのですが、これは単純に〈嬉しい＝happy〉に置き換えてしまうことが原因になっているようです。ですから、例えば「子供のころはとても幸せでした」とか「幸せな生活を送っています」と言うべき場面で【嬉しい】を使ってしまい、「嬉しい生活を……」といった表現になるわけです。

　同じ条件を持つ学習者がこのような同じ言語上の間違いをしている時、その原因は彼らの母語にあるかもしれません。その点に注目して考えてみると、学習者の頭の中を整理するためのヒントが見つかるかもしれません。

:::: STEP 3 :::

　形容詞は、大きい・小さいなどの外見上の形容から、このような楽しい・嬉しいなどの心情を表すものなどさまざまですが、いずれも相対的かつ主観的な表現です。同じものを見てほかの人とイメージが共有できる度合いの差や、抱くイメージそのものの違いはありますが、自分の五感を通して表現することには変わりはありません。何か見たり聞いたりしたことに刺激を受けて、それに対して感じたことを表現する、いわばコメントの言葉と言っていいでしょう。

　初級段階で形容詞が入ると、急にコミュニケーションがスムーズに感じるのも、こうした形容詞の機能ゆえです。毎日交わすあいさつや会話から形容詞を取ってしまうと、実にぎこちなく味気ないものになるに違いありません。例えば、「おはようございます」だけでなく「今日はまた寒いですね」。友達に会っても「きれいなセーター！」「楽しかったね」など言えるのと言えないのとでは、他人との関係を築くためのコミュニケーションに大きな違いが出てくるはずです。例文にあるように、パーティーへのコメントも、聞かれた答えだけでなく自然に湧き上がる感想として述べることで、心情を共有し人間関係を深めるのに役立つのです。

「MILK」がわからない！

　日本語って、どんな言葉なのでしょうか。日本語の中には外国語がいったいどのくらい取り入れられているのでしょう。歴史的に見れば、漢字熟語のような中国語から取り入れた言葉は数え切れないほどありそうですし、「チョンガー」や「ワッショイ」のように意識せずに使っている韓国語源の言葉もかなりありそうです。カタカナになっている言葉は、すぐに外国語だとわかりますが、最近はそれも数が多くなり、「ナイター」のように省略されたりして、もうこれは日本語だと言わなければならないものも増えています。日本語がわからない外国人に言葉を教える時、その人の母語がわかれば便利です。でも今や世界共通語といわれる英語でさえ、わかる人ばかりではありません。

　それを痛感させられる出来事がありました。イランから来たばかりの小学生の女の子でした。まず「あいうえお」の文字を早急に読めるようにしてあげなければなりません。拗音を教えていた時に、絵を見て、単語を書く練習をしました。「ぎゅうにゅう」と書いてもらいたいので、牛乳瓶と牛乳パックの絵を用意し、そこにMILKと文字を入れて、これで「ぎゅうにゅう」が教えられると私は安心していました。でも「ミルク」と言っても、絵を見てもわかってくれません。あわてました。どうしよう……MILKってしらないの!?　考えてみれば、アメリカもイギリスもイランとは仲が悪い時でした。戦時中の日本のように英語は禁止されているのかも……。仕方がないので、2人で給食室へ牛乳を見せてもらいに行きました。白い液体の入ったパックを見た彼女は、やっと理解してくれましたが、私は英語に頼っている自分を発見し、深く反省したのです。日本語が英語に寛容だからといって、ほかの言語もそうだとは言えなかったのですよね。

得意／上手   威張って言う言葉？

:::::: STEP 1 :::

Ⓠ ２つの文の意味はどう違いますか。

　　１．彼は運転が<u>上手</u>です。
　　２．彼は運転が<u>得意</u>です。

:::::: STEP 2 :::

Ⓠ 【上手】「下手」を学習した後に、学習者が作った文です。【上手】と【得意】は意味が似ているのに、なぜ次の文は不自然に聞こえるのでしょうか。

　　１．私はコンピューターが<u>上手</u>です。
　　２．私は数学が<u>上手</u>です。

:::::: STEP 3 :::

Ⓠ あなたなら【上手】という言葉をどうやって導入しますか。下の選択肢から適当なものを選んで、導入の流れを考えてみましょう。

例文をたくさん挙げる　　　対比して見せる　　　絵を見せる　　　その他

確認しましょう

░ STEP 1

　【得意】も【上手】も、物事が優れていることを表す形容詞です。初級では〈～は…が得意／上手です〉の形で学習します。【得意】は「彼は100点をとって得意になっている」などと、賞賛され自慢げにしている様子も表します。【得意】は「意」とある通り、経験豊富で知識が優れているという自負、鼻高々で誇らしげな気持ちにウエイトがあります。また、好きという気持ちも入っています。「運転が得意です」と言えば、優れている上に、自慢げに喜んでやっている様子もうかがえます。

░ STEP 2

　一方、【上手】は「手」とある通り、技術が優れていることがポイントです（プロには使いません）。例のコンピューターの場合は、手先の技術というよりシステムについての知識があることを表現したいので、「コンピューターが上手」ではなく【得意】と言うほうが一般的です。同様に「数学」も技能より知的理解を要するので【上手】は不適切です。かといって「～が得意だ」というと自慢しているようにも聞こえるため、実社会ではカジュアルな場面以外あまり聞かれません。通常は「～が好きだ」程度で表現します。このような文は、状況に合わせて「好き」または【得意】に訂正しましょう。

░ STEP 3

　「ピアノが上手です」と例文を挙げる、上手に演奏している絵を見せる、だけでは不十分です。「ピアノが上手／下手です」というように対比で示しましょう。絵でも実演でもいいので「上手/下手」の1セットを2、3例出します。【得意】との違いを示す場合は、「漢字が得意」と「漢字が上手」と2つ並べて、得意は知識に、上手は技術に重点があることを示します。「得意」を使う時は、教師が誇らしげな顔で「私は、（強調して）漢字が得意です！」とアクションなどで気持ちを大げさに表現してみましょう。さらに導入後は、本当に意味を理解したかどうか確認の質問をします。その質問の仕方にも注意が必要です。例えば「あなたは何が上手ですか」という質問に答えられない学習者も、「上手」の意味がわからないとは限りません。謙虚さから言えないでいるのかもしれません。この場合、逆に「アリさんは絵が上手ですね」と学習者を褒めて反応を見たり、「アリさん、スーさんは何が上手ですか」などと第三者について質問してみましょう。

なくなる／なくす／見つかる　いつ、どこで、そうなったの？

⬛ STEP 1

Q −1　次の２つの文における違いは何でしょうか。

　１．財布をなくしました。
　２．財布がなくなりました。

Q −2　教室にバタバタとかけこんできた学習者がこう言いました。
　　　「大変困りました。私の財布をなくしました」
　　　どうやら、家を出て電車に乗って学校に来るまでの間に、財布をなくしたようです。どんなアドバイスをしてあげたらいいでしょうか。

⬛ STEP 2

Q　次の２つの文はどちらも不自然です。なぜなのか、理由を考えてみましょう。

　１．こっそり会議を抜け出したのを上司に見つけられた。
　２．冬になって、木は葉を全部なくしてしまった。

⬛ STEP 3

Q　『財布を落としたので警察に届ける』という場面設定で会話練習をするために、スクリプトを作ります。この後の警官の質問を考えてください。

　　A　：あのう、すみませんが……財布を落としてしまったんです。
　警官：あ、そうですか。じゃ、ちょっとここにおかけください。まず、お名前、
　　　　住所、電話番号を教えてもらえますか。
　　A　：＿＿＿＿＿＿＿＿＿＿＿＿＿＿＿＿＿＿＿＿＿。
　警官：はい。じゃあ、落としたのはいつですか。
　　A　：＿＿＿＿＿＿＿＿＿＿＿＿＿＿＿＿＿＿＿＿＿。
　警官：＿＿＿＿＿＿＿＿＿＿＿＿＿＿＿＿＿＿＿＿＿。
　　A　：＿＿＿＿＿＿＿＿＿＿＿＿＿＿＿＿＿＿＿＿＿。
　　　　　　　　　　⋮

確認しましょう

STEP 1

Q−1　どちらも、今現に財布がないという状況は同じです。1では、財布を「なくした」と気付くのは、確かに入れたはずの財布が「ない」とわかった時です。「いつ、どこで、何が起きてこうなったか」を自問すると思います。「なくした」原因としては、落とした、誰かに取られた、どこかに置き忘れた、などが考えられるでしょう。いずれにせよ「なくしてしまった」と、自分の不注意や不運を嘆く結果になります。2の財布が「なくなる」は、1のような原因はさておき財布が消えた、「あった」ものが「ない」状態になったと、自分ではなく財布の上に起きた出来事を述べています。「教室で〇〇さんの財布がなくなった」のように、直接の原因に触れるのを避けたい時にも使われる言い方です。

Q−2　まず、「なくした」原因を探らなくてはいけません。「なくしたのに気付いたのはいつ？　どこで？」「電車に乗る前は？　後は？」というように「事情聴取」をしていき、ある程度の見当がついたところで、次の段階として、遺失物係・紛失という言葉や駅・警察への届け出などの対策をアドバイスします。……さて翌日。にこやかな表情で「財布を見つけました」との報告。「え？　どこで？」「誰かが拾いましたと、警察が電話してくれました」「あー、それは『見つけた』じゃなくて『見つかった』んですね。何はともあれ、よかった！」ハァ……で、一件落着となればいいのですが。

STEP 2

1は、意味から考えると確かに「見つけられる」と受身形になります。しかし不自然に響くのは、こういう状況の時は「見つかってしまった」と、自動詞「見つかる」を使うのが普通だからです。2も意味は通じますが違和感を覚えるのは、主語が「人」ではないのに他動詞「なくす」を使ったためで、外国語の直訳のようになってしまいます。

STEP 3

住所を「〇―〇、△丁目、××町」のように逆の順で答えたりする人もいるので、この機会に確認しておきましょう。いつ？　どこで？　に続き、財布の中に入っていたもの、そして財布の形状についての質問もしてみると、「黒い革で二つ折りのものです」のように正しく伝えるための練習にもなります。こうした「トラブル」に関するものはサバイバルとしても必要になりますから、実地で使えるようにしたいものです。

～なる／する   変化を起こす？ 変化が生じる？

:::::: STEP 1 ::::::

Q 【～なる】は自動詞、【～する】は他動詞だといわれていますが、授業ではどのように教えたらよいのでしょうか。また、「～ことに／ないことにする」「～ことに／ないことになる」という言い方は、どのように教えたらよいでしょうか。

:::::: STEP 2 ::::::

Q 「お待ちする」「お返事する」は謙譲語、「お書きになる」「ご覧になる」は尊敬語ですが、形の違いはわずかなので学習者は間違えやすいようです。間違うと、高めるべきところを低め、低めるべきところを高めてしまうことになるので、深刻な間違いとなってしまいます。何故、「お～する」が話し手の行為で、「お～になる」が尊敬の対象者の行為になるのでしょうか。

:::::: STEP 3 ::::::

Q-1 次の例文のような【～する】は、どんな意味でしょうか。また、どのように教えたらよいのでしょうか。

大きい音がする／ガスのにおいがする／この時計は500円しかしなかった／あと1時間すると、雨が降るよ／夕ご飯は、水炊きにする／ネクタイをする／座布団を枕にする／頭痛がする

Q-2 「7時になった」と「7時だ」という言い方がありますが、意味はどう違うのでしょうか。

Q-3 「なせばなる」という表現がありますが、この意味をどのように説明すればよいでしょうか。

確認しましょう

::::: STEP 1 ::

　基本的には、【〜する】は行為者が自分の意思で何かに変化を起こすことで、【〜なる】は行為者については言わず、変化が自然に生じたことを表します。

　教える時は、

　　①「Aさんが部屋をあたたかくする」と「部屋があたたかくなる」

　　②「Aさんが部屋をきれいにする」と「部屋がきれいになる」

と対比して示します。左側に「する前の状態」の部屋の絵、右側に「した後の状態」の部屋の絵を用意し、左側の絵に行為をするAさんの姿を描き加えながら「Aさんが〜する／した」とし、次に右側の絵を示して「部屋が〜なる／なった」とする方法が一般的です。

　「〜することにした」というのは、何か重大なことを決めたことを表します。「留学する」「結婚する」「家を買う」「仕事をやめる」など、いろいろ考えた末に決めた経験を「〜することにしました」で言い換えて導入します。「〜することになった」は、形の上では、誰か別の人／権威が決定したので状況が変わったというものですが、機能としては「自分が決めた」とはっきり言うのを避け、表現をソフトにするものです。何故はっきり言いたくないかというと、日本語には「自分を出す」ことをあまりよく思わないという考えがあるからです。

　しかし、例に挙げたような【〜する】の場合、行為者の意思というものはありません。学習者にとって自動詞か他動詞かの判定は重要ではなく、この表現が適当な場面で使えることが大切です。

::::: STEP 2 ::

　日本語の伝統的な世界観では、尊敬される人は、すでに100％満足している人です。ですからもう欲しいものは何もないし、これ以上何かをしたいとも思いません。ただ、世界の変化だけが起こり（【なる】）ます。それに対し、話し手や一般人は満足を得るために行動します（【する】）。ですから、尊敬される人の行動は「お〜になる」で尊敬表現になり、話し手の行為は「お〜する」で謙譲表現となります。目上の人に「〜たいですか」「〜ほしいですか」と尋ねないのも、この「お〜になる」の場合と同じように、尊敬される人は100％満足しているからなのです。

::::: STEP 3 ::

　Q－1　それぞれ、「聴覚で感じる」「嗅覚で感じる」「お金を払った」「時間が過ぎる」「決める」「着用する」「目的で使う」「感じる」という意味です。このような「する」は、個々の状況と表現を対応させて教えます。【～する】は広い意味を持ち、いろいろな使い方ができる便利な動詞です。おかげで明治期に大量の翻訳外来語を受け入れることができました。現在も〈カタカナ語＋する〉は大量増加中です。

　Q－2　「7時になった」の場合、話し手は時間が経過した後に今があると考えています。それに対し「7時だ」では、今、時刻が7時だというだけです。

　Q－3　「なせば」の「なす」は、【する】の改まった言い方。「(あなたが) すれば、(ことが) 変化する」という意味です。つまり「努力すれば、夢が現実になる」ということ。条件節「～ば」の意味あいをよく表している文で、「努力しなければ、夢は現実にならない」というニュアンスになります。つまり伝統的倫理訓として「だから努力しなさい」という意味です。

教師の感情コントロール

●●●●●●●●●●●●●●●●●●●●●●●●●●●●●●●●●●●●●●●

　まだかけ出しの日本語教師だったころのほろ苦い経験です。当時、私は週2回行われるパートタイムクラスを担当し始めたばかりでした。このクラスの学習者は6人。国籍も職業も年齢もバラバラで、新米教師の私には緊張を強いられるクラスでしたが、やる気だけは十分だったので全力投球で教えていました。

　ある日、授業が終わって、私は確認とあいさつのつもりで「今日の授業はどうでしたか」と笑顔で学習者に声をかけました。すると、1人の欧米系の女性学習者が「全然わからなかった」と答えたのです。授業中は何ごともなく（そう思っていたのは自分の甘さゆえ？）、教師の質問にも答えられていたのに、です。私の胸は一瞬のうちに、悲しさと悔しさと恥ずかしさでいっぱいになりました。何とか気を取り直して、「じゃあ、来週もう一度復習しましょう」と言いながら、ひとまず学習者を送り出しました。必死に隠したつもりでしたが、私の感情の動きはほかの学習者にしっかり悟られてしまったようです。たぶん、私の目の淵は赤くなっていたでしょうから、それも当然です。その時の私に欠けていたのは、客観的に自分の授業を振り返る冷静さでした。「わからなかった」という学習者の言葉とその事実を受け入れることができないほど、動揺してしまっていたのです。

　「大丈夫、よくわかりました」と言ってくれたアメリカ人の男性学習者、次の週に「大好きな先生だから」と言ってレースのハンカチをプレゼントしてくれた韓国人の女性学習者……。今もその優しさに感謝すると同時に、未熟な教師で申し訳なかったという思いでいっぱいです。

　教師の感情コントロールが適切になされないと、学習者に余計な心配をさせてしまうことになります。学習者の発信の意味を落ち着いて考えることを常に心がけていれば、あのような失敗も起こらなかったはず。まず、教師が学習者の気持ちを素直な気持ちで聞くこと、授業はここから始まるのではないかと思います。

寝る／眠る　　　電車で寝ますか。眠りますか。

:::::: STEP 1 :::

Q 次の文で　あなたが出来ることはどれですか。

1．いつも寝ながら本を読む。
2．いつも眠りながら本を読む。
3．明日は大切な試験があるから、9時に寝るつもりだ。
4．明日は大切な試験があるから、9時に眠るつもりだ。

:::::: STEP 2 :::

Q 【寝る】か【眠る】の、①どちらか一方しか使えない文、②どちらも使える文を
作ってください。

①_____。
②_____。

:::::: STEP 3 :::

Q 【寝る】は初級の早い段階で紹介される動詞の一つなので、演技で【寝る】を導
入する場合が多いと思います。どんな演技で導入をしますか。

確認しましょう

STEP 1

　【眠る】というのは睡眠状態に入り、目を閉じて意識のない状態になることです。一方、【寝る】は【眠る】以外に「横になる」という意味も含みます。ですから、例えばソファーに身体を横たえて「寝ながら本を読め」ても、2のように「眠りながら本を読む」のは不可能です。

　このように【寝る】と違い【眠る】というのは自分の意志ではコントロールできないため、4のように「眠るつもりだ」というのは不自然に聞こえます。同様に「昨日何時に寝た？」という質問はあっても「昨日何時に眠った？」と聞くのはナンセンスなのです。

STEP 2

　例えば、次のような文が考えられます。

①どちらか一方しか使えない文
　　1．（病院で先生が患者に向かって）
　　　　ベッドの上に（○寝て／×眠って）ください。
　　2．（×寝薬／○眠り薬）を飲みました。
②どちらも使える文
　　1．赤ちゃんが（○寝て／○眠って）いるから、静かにしてください。
　　2．授業中に（○寝て／○眠って）しまった。

　【寝る】には【眠る】の意味も含まれているため、【眠る】という意味に使う場合はどちらでも可能ですが、「横になる」の場合は【寝る】しか使えません。

::: STEP 3 :::

　まず、【眠る】そして「横になる」の意味の順で導入するのが一般的です。【眠る】の導入は〈夜〉〈11時〉〈おやすみなさい〉など連想しやすいキーワードを出しながら、目を閉じるだけで十分です。頬の下に手を揃えて目を閉じるジェスチャー（右図）や「グーグー」という寝息は万国共通ではないので気を付けてください（学習者が意味を理解してから、そうした非言語表現を紹介するのはよいと思います）。導入後「私は～時に寝ます」など、学習者にそれぞれに言わせれば意味も使い方も定着します。

　また、「今日はパーティーです」「明日はテストです」など、イベントを変えて何時に寝るか練習しても楽しいでしょう。

　「横になる」の導入では、まず「『寝ます』の意味は2つ」と伝え、座ったり、立ったり、寝ころんだりして、実際に教師が動いてみて違いを明確化するとよいでしょう。

船底の日本語教室

●●●●●●●●●●●●●●●●●●●●●●●●●●●●●●●●●

　船底の日本語教室？『船上のピアニスト』なら聞いたことはあるけれど……。もちろんその船にも、どんな大揺れでも演奏を続けるピアニストがいたはずです。なにしろ日本を代表する豪華客船なのですから。しかし、幸か不幸か私は演奏を聴く立場にはありませんでした。ひょんなことから、船のスタッフの一員である日本語教師として乗り込んだのです。台湾・香港・上海を回る12日間の航海で、香港の中国返還直後のことでした。職場である教室は、海面よりはるか下のほう、機械音が響きパイプが入り組む、スタッフ専用エリアにありました。

　それにしても船の底の日本語教室とは、一体誰に、どんな日本語をどうやって教えるのか。当然起きる疑問だと思います。日本船籍の船ですからクルーは日本人かと思うとそうではありません。特に客室関係やレストランのスタッフはほとんどがフィリピン人で、しかし接客の相手は日本人という事情から、この船ではスタッフの日本語研修を年に数回行っているのです。できるだけ日本語で接客ができるよう、また年配の乗客が多いので失礼にならない日本語を身につけてもらう、というのが研修の目的です。何回か続いているプログラムでオリジナルテキストもあり、前任者からの指導も受けられるし、「大船に乗ったつもり」で引き受けた仕事でした。

　100余名の学習者をレベル、職域ごとに8クラスに分け、教師2人で担当、1日当たりの授業時数は90分3コマ程度、最終日のテストを入れても授業日数は7日間。第1課が「O-jama itashimasu」「Shitsuree itashimashita」と敬語から入るのも、「日本語ができます」と言う上級レベルの学習者と全然話が通じないのにも、遅刻が多くて授業が定刻に始まらないのにも驚きませんでしたが、最大の誤算が1つありました。船酔いです。南シナ海、波高し……でした。考えてみれば風にも当たらず、寝不足でワープロに向かってテスト問題を作っていては、酔って当然です。やっと上陸した上海では人酔いのおまけまでつく、最後までふらつきっぱなしの航海でしたが、新しい出会いと発見に満ちた、この仕事ならではの得がたい体験となりました。

乗る／降りる／乗り換える 　　何に乗るのか、乗ってどうするのか

::::: STEP 1 :::::

Q−1　「～に乗ります」の文を作って（例：私はバスに乗ります）、それがいつ、どんな場面で使われるのか考えましょう。

Q−2　次の路線図を使って【乗ります】【降ります】【乗り換えます】を使った授業を考えてみましょう。

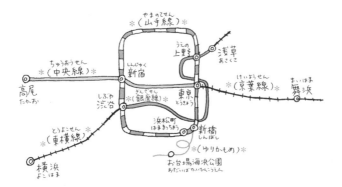

::::: STEP 2 :::::

Q　これらは「～に乗ります」の「～」に入る名詞です。一緒に練習するグループに分けて、その順番も考えましょう。

電車／自転車／馬／バス／オートバイ／山手線／飛行機／

エレベーター／船／銀座線／地下鉄／新幹線

::::: STEP 3 :::::

Q　学習者が次のような間違いをした時、どう直せばよいでしょうか。またどうしてこのような間違いをしたのか考えてみましょう。

1. 新宿で山手線を乗って、渋谷で降ります。
2. 7時の電車に乗りてください。
3. 電車に乗りながら本を読みます。

確認しましょう

::::: STEP 1 :::::::::::::::::::::::::::::::::::::::

　Q－1　【乗る】の導入に電車の絵を描いて「私は電車に乗ります」と宣言し、乗るジェスチャー……。これだけで理解させるのは、できれば避けたほうがいいでしょう。なぜなら、学習者の母語を調べてみると、交通手段として使うのか、「乗り込む」という行為を表すのかなど、同じ「電車に乗る」と言っても、その概念によっては表現の仕方が変わる（英語では、交通手段なら「take」、乗る動作なら「get in」）言語が多いからです。やはり場面や状況を限定し、会話の中で使い方を理解させていくのがいいでしょう。

　Q－2　では、どんな場面を使いますか。ほとんどの教科書では【乗る】【降りる】【乗り換える】がひとまとめとなって出てきます。これをすべて利用するなら、電車の路線図を使って、

　　教師：今新宿駅にいます。横浜まで、どうやって行きますか。まず山手線に乗ります。
　　　　　そして渋谷で山手線を降ります。それから東横線に乗り換えます……

というように路線図をたどりながら、〈横浜までの行き方を説明する〉という状況で理解させていくこともできます。

::::: STEP 2 :::::::::::::::::::::::::::::::::::::::

　STEP1でも述べたように、学習者の言語によっては、【乗ります】は、概念によって異なる動詞を使いますが、〈乗り物〉によっても異なる場合があります（実はそのような言語のほうが多いです）。ですから「～に乗ります」をテンポよく練習をさせたい時に、「電車」の次に「自転車」を出したり、「馬」を出したりするのは危険です。「えっ、それも乗ります？」となって学習者の思考を止めてしまったり、混乱させてしまうことになるでしょう。ですから、可能であれば学習者の母語がどう分けられているのかを調べておくとよいでしょう。電車、バス、地下鉄、タクシー（「車」は「運転する」があるので避けたほうがいいでしょう）などの交通手段に使われるもの、飛行機、船、ロケットなどの大型の乗り物、「山手線」「銀座線」など具体的な路線、それから自転車、オートバイなど〈またがる〉もの、同じく、馬、ロバなどの動物、そしてエレベーター、エスカレーターなど、まとまったグループを作り、そのまとまりごとに練習させるのがよいでしょう。

:::: STEP 3 ::::

さて、学習者からよく出る誤用の代表的なものを紹介します。

１．まずは助詞の間違いです。【乗る】を教えるころは、学習者にとって助詞は厄介な問題になりつつある段階です。「電車に乗る」の「に」、「電車を降りる」の「を」は「部屋に入る／部屋を出る」の「に」と「を」と同じ機能です。下のような図に示して「入る／乗る」と「出る／降りる」のイメージを視覚的に見せましょう。

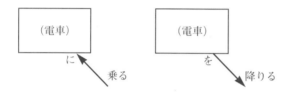

それでも学習者は「え～っと……、電車を乗ります」などと言ってしまうものです（ちなみに韓国語では目的格の「を」を使って「電車を乗る」と言うそうです）。そこで助詞を覚えやすくするための工夫の一つを紹介します。「なにぬね<u>の</u>ります、<u>を</u>おります」（<u>に</u>と<u>の</u>を強調し、<u>を</u>おは「おー」と発音する）と呪文のように何度も繰り返させてください。少しはお役に立つかもしれません。

２．次に活用です。【乗ります】も【降ります】もどちらも「ます」の前が「り」であるのに、【乗ります】は動詞の１グループ、【降ります】は２グループだという不条理さも学習者にはため息ものです。「～てください」と言わせたい時、【乗る】を【降りる】と同じ２グループだと思ってしまうため、「電車に<u>乗りて</u>ください」と言う学習者のなんと多いことか。「て形」はすぐには定着するものではありませんが、【乗ります】のて形は「乗って」ですよ、とすぐに正答を与えるのではなく、答えを言う前に【乗ります】が何グループの動詞なのか学習者に考えさせることも、意識付けの一つとなるでしょう。

３．それから、初級の中盤に学習する「ごはんを食べながらテレビを見ます」の「～ながら」という表現を学習した時に出てくる誤文です。「電車に乗りながら本を読みます」とはいったい何を表したいのでしょうか。学習者の頭の中にある、彼らが表現したいと思う〈イメージ像〉を探ってみることが大切です。「電車に乗りながら本を読む」、電車に乗り込もうとしている時に本を読んでいるという行為を学習者にやって見せて、「この意味ですか」と聞いてみましょう。彼の言いたいことはたぶん、「電車の中で本を

読む」なのだと思います（これも確認が大切ですが）。そしてここでなぜ「〜ながら」
が使えないのかも説明しなくてはいけません。それは【乗ります】が瞬間動詞（行為が
一瞬で終わる動詞）だというのが理由なのですが（「〜ている（状態）」P.171参照）、
学習者には【乗ります】が「座ります」や「立ちます」などの動詞と同じグループで、
これら動詞に「〜ながら」を使うとこんな意味になりますよ、と言って実際にその行為
をやってみせるといいと思います。

話す／言う   相手は何を求めてる？

:::::: STEP 1 ::

Q 次の例文では、【話す】【言う】のどちらを使うでしょうか。また、この【話す】
【言う】を、それぞれほかの言葉で言い換えると、どうなるでしょうか。

1. 「愛している」と（話して／言って）くれ。
2. Aさんはフランス語を（話す／言う）。
3. 東京の一番西のほうを奥多摩と（話す／言う）。
4. 教室では日本語で（話して／言って）ください。
5. 音を記録することを録音と（話す／言う）。
6. 私の研究計画を（話す／言う）。
7. 台所は英語でキッチンと（話す／言う）。

:::::: STEP 2 ::

Q 次の例文A、Bのうち、変だと思われるものはどちらですか。

1. A　教室では、英語を話さないでください。
   B　教室では、英語を言わないでください。
2. A　先生、意味を話してください。
   B　先生、意味を言ってください。
3. A　「よろしく」と話しました。
   B　「よろしく」と言いました。

:::::: STEP 3 ::

Q 【話す】と【言う】の使い分けについて、普段の生活ではほとんど注意していな
いのではないでしょうか。また、この2語の使い分けを意識した上で、どのよう
な教室内活動が考えられるでしょうか。

確認しましょう

::::: STEP 1 ::

　上から順番に、1.言って、2.話す、3.言う、4.話して、5.言う、6.話す、7.言う、が適当です。【話す】も【言う】も、音声としての言語を口から出すことですが、これらの例文からわかることは、【話す】にはまとまった内容を相手に伝えるとか、ある言語を上手に使う、またはその言語で会話をするという意味があるということです。【話す】のは相手がいないとできません。一方、【言う】というのは、物や場所や概念に名前をつける、一語または一文を声に出すと言い換えることができるでしょう。また例文には出てきませんでしたが「独り言を言う」のように【言う】には相手の存在が必須というわけではないという面もあります。

::::: STEP 2 ::

　例文の中で、１－Ｂと３－Ａは、明らかに変です。ある言語で会話をする時や、ひとまとまりの発話に【言う】は使えません。ところが２のように、言葉の意味の場合、【話す】と【言う】のどちらも使えます。複数の文を使って意味を説明するのなら【話す】となり、対訳語または同意語をぽんと出すのであれば【言う】になります。入学試験、就職試験などで、試験官に「話してください」と言われた時は、ひとまとまりの説明をしなければなりませんが、反対に「言ってください」と言われた時は、一語を「～です」の形で答えるべきでしょう。「～について」だったら「話してください」が続き、「～を」だったら「言ってください」が続くという感じですね。

::::: STEP 3 ::

　教室内用語として「～てください」の形をよく使うと思いますが、「週末にしたことを、ひとつ言ってください」と全員に質問し、一言ずつ言わせます。この場合、「宿題です」「掃除です」「買物です」「テレビです」のように名詞が期待されます。また学習者を１人指名し「Ａさん、週末に何をしましたか。話してください」という場合は、いくつかの文を使ってひとまとまりの話をさせます。初級の段階では、学習者の発話が質問／答えというタイプのみになりがちですが、中級に繋げるためにも早いうちから「話す」活動は取り入れていくべきでしょう。その中には、接続詞、あいづちなど、談話に大切なものが多く含まれているからです。

やさしい／親切　　性格か行動か

:::::: STEP 1 :::

Q あなたの身の回りにいる人を思い浮かべてください。これまで〈やさしい人〉だと思った人はいますか。その人はあなたにどんなことをしてくれましたか。また、〈親切な人〉はどうですか。

:::::: STEP 2 :::

Q 学習者が次の文を作ってきました。あなたはどう感じますか。

1．私の父は親切な人です。
2．クラスメイトのアナさんは親切な人です。

:::::: STEP 3 :::

Q 【親切】【やさしい】それぞれの導入を考えてみましょう。あなたなら次のうち、どの状況を使って導入しますか。

1．満員電車の中で席を譲ってくれる人
2．妹の面倒見がいいお兄ちゃん
3．荷物がたくさんある時に荷物を持ってくれる人
4．学生が遅刻しても怒らない先生
5．ニコニコしているおばあさん

確認しましょう

:::::: STEP 1 ::

　【やさしい（優しい）】と【親切】は、「大きい」「小さい」と同じように初段の早い段階で出てくる表現ですが、抽象的な表現であるのに加えて、意味も似ています。導入の際に言葉で説明しようとしても入門期の学習者は語彙が少ないので、言葉では説明しきれません。そのため導入によっては学習者が混同しがちになります。

　【やさしい】は、「厳しい・恐い」の対極にあり、あまり怒らずいつも笑顔で何でも受け入れてくれる人を思い浮かべます。また、性格のような人の内面だけでなく、「やさしい目」のように外見上の形容にも使います。

　一方【親切】は電車の中でお年寄りに席を譲ったり、両手がふさがっている時にドアを開けるという行動を見たり、実際に受けた時に使うのではないでしょうか。これらはお年寄りや困っている人に対するもので、困っている状況を察知して行う気配りが感じられるでしょう。つまり【やさしい】は性格や外見に、【親切】は行動に着目して形容する点で違います。

:::::: STEP 2 ::

　【やさしい】と【親切】は、似た場面や状況で導入しがちなので、学習者は混同して覚えていることが多いようです。初級の学習者は「私の父は親切な人です」という文をよく作ってきますが、どこか違和感やよそよそしさを覚えませんか。「クラスメイトのアナさんは親切です」も間違いではありませんが、距離感があってあまり仲が良くないように感じます。ところがこれを【やさしい】に置き換えるとしっくりします。なぜでしょうか。【親切】は、人の行動に表れた側面を評価する言葉なので、友人や肉親に使うと、表面的でよそよそしい感じがして違和感を覚えるのでしょう。他方、【やさしい】はその人の内面に踏み込んだ表現なので、本来はその人をある程度知らなくては言えません。だからこそ自分がよく知っている身近な人に対して【やさしい】を使うのでしょう。

　ところで、学習者は「ご親切にどうもありがとうございました」と言うところを「やさしくてどうもありがとうございました」と言うことがあります。これは相手の行動に対して感謝しているのであり、相手の性格に対してではありません。こんなところにもこの２つの違いが表れていますね。

　では次のSTEP3で、２つの違いをどう教えるかを考えてみましょう。

::::: STEP 3 :::

　【親切】の導入では、一時的な行為が出てきやすい状況にします。答えは満員電車の中で席を譲ってくれる人、荷物を持ってくれる人になります。

　【やさしい】では身近な人を中心に設定したほうがいいでしょう。答えは妹の面倒見がいいお兄ちゃん、ニコニコしているおばあさんになります。身近で「やさしい人」と言えば、おばあさんが最も連想しやすいのではないでしょうか。学生が遅刻しても怒らない先生は「やさしい」のではなく、むしろ「甘い先生」というほうが適当です。こういう例はわかりにくくなるので避けましょう。

　この２つの使い分けは学習者にはわかりにくいので、ほかにもいろいろな例文を用意しておきましょう。

先生とママの間で①

●●

　日本語教師ママにとって、子供が言葉を覚えていく過程を観察することほど面白いものはありません。子供の言語習得過程は外国人のそれと、とてもよく似ているからです。

　1歳から3、4歳ぐらいのお子さんをお持ちの日本語教師の方、またかつてそうだった方は、きっと「ああ、そうだったわ。うちも」とご賛同いただけると思います。

　子供は、たくさん聞いた言葉の中で、自分なりのルールを作っていきます。新しい言葉をそのルールに当てはめ活用し使うことで、言葉を増やしていっているようです。もちろん、中にはそのルールに当てはまらないものもあるのですが、その際の間違え方が、外国人のそれとよく似ているのです。

　例えば、形容詞の否定形を作る時です。「な形容詞」と「い形容詞」を混同し、「きれいくない」とか「好きくない」などと言ったりします。また、「自動詞／他動詞」も子供には難しいもののようで、「ママ、このふた、開けないよ」と言ったり「あ～、目がまわす～」と言ったりします。よく聞くほうの動詞が優先されるのでしょうか。可能形では、「できられる」「飲められる」などの間違いが出てきます。思わず「おしい!!　あと、もう一息」と言いたくなりませんか。

　最高難易度はやはり「あげる／もらう／くれる」ですね。「これ、私にくれるの？」と言いたいところ、「私にあげるの？」と言い間違えます。その後、「くれる」が使えるようになったかと思うと「これ、○○ちゃんにくれる」と言ったりもしました。「くれる」が使えるようになるのは、外国人同様、最後です。

　親や周囲の大人に直してもらったり、正しい使い方を聞いて徐々に矯正されていくのです。

　こうみてくると、外国人が変形を間違えたり、活用を間違えたりするのは当然なんだなと思います。日本人の子供でさえも間違えるんだから無理はない、と……。とすると、やはり同じ間違いばかりしている学習者には、毎回言って直してやらないといけないのかもしれませんね。根気強く!!

よく／あまり／全然 「よく-あまり-全然」VS「とても-あまり-全然」

:::::: STEP 1 ::

Q 次の 6 つの文を見て、どのくらいの頻度でしたら「よく〜する」という表現が使えると思いますか。1 週間に 3 回？　4 回？　それぞれ考えてみてください。

1．よく旅行をする。 　　 2．よく雨が降る。 　　 3．よくタバコを吸う。

4．よく車を買い換える。 　 5．よく傘をなくす。 　 6．よく手紙を書く。

:::::: STEP 2 ::

Q 次の 6 つの文はすべて「あまり〜ない」という表現が使われていますが、同じ表現でも、大きく「頻度」と「程度（量）」の 2 つに分けられます。それぞれどちらか分類してください。

1．あまり勉強しない。 　　 　 2．あまり寒くない。

3．あまり早く走れない。 　 　 4．あまりお酒を飲まない。

5．あまり好きじゃない。 　 　 6．あまりがんばらない。

ヒント：「あまり〜ない」　→　「よく〜する」に換えてみては？

:::::: STEP 3 ::

Q【よく／あまり／全然】の練習として、学習者同士で質問し合い、次のように表を埋めるタスクをすることにしました。ここで注意する点として、ひとつは、質問の仕方があります。どのような質問の仕方がよいと思いますか。また、学習者の想像力を刺激するような工夫をするとすればどういったものが考えられますか。

	キムさん	ジョンさん
日本語	△	◎
ビール	◎	△
カラオケ	◎	×

◎：よく　△：あまり　×：全然

確認しましょう

:::: STEP 1 ::

　しばしば学習者は「【よく】って一週間に何回ぐらいですか」といった質問をしますが、これは何をするかにより頻度が大きく異なり、一概にどのぐらいとは答えられません。例えば、「よく旅行をする」は年に数回でも言えるかもしれませんが、年に数回では「よくタバコを吸う」とは言えません。また、「よく居酒屋に行く」という人が２人いても、その頻度は国や文化、性別、年齢、社会階層などによってもかなり違うことがあります。ですから導入文を考える時、クラスの学習者の顔を思い出して、誰にとってもおおむね頻度が高いと思われる例を示すことが大切です。例えば、車の買い換えや、傘の紛失、などはそうあることではないですね。クラスのメンバーに応じた、適切な例を挙げるよう、注意しましょう。

:::: STEP 2 ::

　【あまり】を【よく】という頻度の表現に言い換えてみると、不思議なものがあることに気付きます。それらは「とても」という程度を表す表現に置き換えられます。
　【よく】で言い換えられるもの　　（頻度）：１、４、６
　「とても」で言い換えられるもの（程度）：２、３、５
　一般的に、初級の教科書で【よく／あまり／全然】が〈頻度〉の用法として初めて出てきます。ところが「あまり寒くない」という〈程度〉の用法が出てきた時に、その違いをはっきり示さなくてはいけません。

:::: STEP 3 ::

　「よく寿司を食べますか」という聞き方を考えてみましょう。これはいつ使う文でしょうか。この質問は寿司を食べることを前提にしています。例えば、寿司屋で一緒に食べている時にはこの表現は使えますが、寿司を食べるかどうかも知らない人に「よく寿司を食べますか」とは聞きません。食べるかどうかも知らない時は「寿司を食べますか」とか、「寿司が好きですか」とう質問が適切です。
　それから、受け答え方にも注意させましょう。例えば、「寿司が好きですか」という問いに、はっきり「いいえ、好きじゃありません。全然食べません！」と答えるのではなく、「いやー、寿司は全然……」などの婉曲表現も日本語のバリエーションとして大切です。
　活動の工夫としては、学習者に自由度を与え想像力を刺激するために、質問項目を学

習者に考えさせても面白いでしょう。お互いに質問が済み、表が埋まったら、確認のために発表をします。発表の方法もクイズ形式にして、みんなで誰か当てるというのも盛り上がります。「○○さんは、よく新宿でお酒を飲みます。そして、あまり勉強をしません。でも、よくテレビを見ます」といった発表をし、ほかの学習者はこの「○○さん」を当てるのです。楽しいばかりでなく、集中度も普段より格段に上がります。

　また、【よく】は「この店よく来るんだ！」というように、話題を提供する形として表れることが多いようです。この言葉を皮切りに「あ、そう。何がおいしいの？」と会話が続いていきますし、言ったほうもそれを期待しているわけです。逆に「ふーん」とか「そうですか」で終わっては、会話もはずみません。

　一方、【あまり】は受け答えとして断りに使われることが多いようです。学習者の中に文法は知っていても、会話を発展する力が不足し、一問一答の人がいます。使う日本語を意識して練習に励みたいですね。

さらにステップアップ！

　最近、「全然イケる！」「全然だいじょうぶ！」などの表現を耳にします。こういった表現も徐々に市民権を得てきているようです。そのせいか、授業でもこの種の表現についての質問を受けることがあります。言葉は生き物ですから刻々と変化します。こうした表現は「正しくない」と否定するのではなく、最近の傾向としてサラッと紹介しましょう。

　実際、ちまたでも日本人の日本語の誤用は少なくありません。慣用表現の意味の取り違いや敬語の間違いなど、指摘すればキリがありません。特に慣用表現は、気を付けないと教師自身が間違っていることもあります。

　スタンスとしては、「聞いてわかればよい」「わからなければ聞けばよい」、ただし「使わない」ということでしょう。特に、学習者の間違いは文法的な間違いと日本語能力の評価に繋がりがちなので、そのことを伝える必要はあります。あえて使うなら、仲間同士に限ること。その場面であれば、かえって仲間意識が高まる効果もあります。そうしたルールを明確に伝え、学習者が知らずに犯す間違いや摩擦を防ぐと同時に、日本人社会に入るコツも教えられるといいですね。

　このような「脱線」は、手にしていた教科書を机に置いたり声色を変えたりして上手に教授場面と使い分けると、授業にメリハリがつきます。

先生とママの間で②

●●●

先日学習者にクイズを出されました。みなさんも挑戦してみてください。

Q 日本人が一番よく使う『ひらがな』は何ですか。ベスト3を考えてみてください。

　第3位は、「い」。理由は、「たい形」「ない形」「い形容詞」など「い」で終わるものが多いからでしょう。2位は、「た」。会話の中で過去について話すことが多いし、「〜たことがある」や「〜たり〜たり」など、やはりよく使われる文法が多いからだと思います。

　さあここまでくれば1位はおわかりでしょう。

　そう、1位は「て」です。て形は本当によく使われていますよね。「〜てはいけない」「〜てもいい」「〜てください」「〜て〜て」などなど。日本人が使うひらがな第1位なんですね。このことからも「て形」の大切さがうかがえます。

　私はズバリ1位、2位を言い当て、学習者から「さすが日本語の先生！」という目で見られ（たと思いますが？）、自分でもやったね、と感激。でも実は、我が子のおかげでした。

　ちょうど1歳4ヶ月の娘の言葉に出ていたのが、その3つだったのです。当時の園日誌に『……よくよく聞くと、お願いごとをしたり、何かを報告したり（しているように見えるのですが）する時、「〜て！」と語尾がきっちり「て」で終わり（持って、取ってなど）、何かを発見したり、見たりした時は「〜た！」で、（出た、見たなど）、ご飯を食べたり何かを見た感想の時は、「〜い！」の「い」と言っているように思われます。……』と書いてありました。

　よく使うひらがなベスト3は、赤ちゃんでさえも聞き分け、使い分けできるほどよく使われ、機能的な意味のある音だったのです。ひらがな一文字ですが、なんとも奥深いですね。

　さらに分析していくと、革新的な勉強方法が見つかるかもしれません。どなたか一緒に研究してみませんか。

CHAPTER 3

文法

意志形　日本語を勉強しよう！ ……1人で？ みんなで？

:::: STEP 1 ::

Q　「行こう」「見よう」という形は【意志形】または「意向形」などと呼ばれています。次の文には意志形が使われていますが、1と2ではその意味が違います。それぞれどんな意味で使われているか考えてみましょう。

1．明日からタバコをやめよう。
　　具合が悪いから、今日は会社を休もう。
2．さあ、一緒に飲みに行こう。朝まで飲もう！
　　家にばかりいないで、出かけようよ。

:::: STEP 2 ::

Q−1　学習者がこんな間違いをしました。どうしてだと思いますか。

「コンビニでお弁当を買ってきよう」

Q−2　次の動詞を意志形にしましょう。意志形にすると不自然なものには×を書きましょう。

会う（　　　）	書く（　　　）	話す（　　　）	待つ（　　　）
遊ぶ（　　　）	読む（　　　）	降る（　　　）	ある（　　　）
乗る（　　　）	いる（　　　）	降りる（　　　）	勉強する（　　　）
持ってくる（　　　）			

:::: STEP 3 ::

Q　いろいろな場面を設定することで、意志形を使った発話練習ができます。さあ、意志形がたくさん出そうな場面を考えてみよう！

（例1）　T：今日は今からパーティーをします。さあ、パーティーで何をしようか。
　　　　 S：ビールを飲もう！　 S：踊ろう！　 S：たくさん友達をつくろう！
（例2）　T：このクラスの目標を決めよう！
　　　　 S：日本語だけ話そう！　 S：9時に来よう！　 S：毎日宿題をしよう！

111

確認しましょう

∷ STEP 1

　【意志形】は1のように「よし、決めた！」という話し手の意志を表したり、2のように相手を誘ったりする時に使います。2には「〜ましょう」という丁寧な形もあります。決意を固めている前者と、みんなを誘っている後者では言い方が違うはずです。違いを明確にするために、気持ちを込めて教えましょう。

∷ STEP 2

　正しくは「買ってこよう」ですね。意味がわかっても、形をきちんと練習しておかないとこんな間違いが出てきます。「来ます」「着ます」は両方「きます」ですが、2グループ「着ます」は「きよう」、3グループ「来ます」は「こよう」です。この文型を覚えるころには、このように似ている動詞も増えてくるので気を付けましょう。また、1グループは「話します―話ショウ」などと変形を間違えることがあります。ルールの説明だけでなく、50音表に沿って1行ずつ練習しましょう。

　意志形は自分の意志を伝える形なので、「ある」「降る」などの動詞（無意志動詞）に意志形を用いるのは不自然です。使わない動詞を変形練習に出さないように気を付けましょう。

∷ STEP 3

　ほかにも「明日はテストです→復習しよう、漢字を覚えよう」「疲れました→休もう、寝よう」など、いろいろな場面を設定してみると面白い発話が出てきます。新年の個人目標（例：漢字を500字覚えよう、大学へ行こう）を書かせてもいいでしょう。場面設定を決めたら、そこで学習者から出そうな答えもいくつか予測しておきましょう。

　また、否定形を言いたがる学習者もいます。意志形の否定形はないことを伝え、言い換えられるものはほかの言葉で言い換えてあげましょう。

　（例）　×　ダイエットしたいから、甘いものを食べない……食べないよう？
　　　　　　　→甘いものをやめよう

意志形＋と思う／〜するつもり　　意志形を応用して自然な会話を作ってみよう

:::::: STEP 1 ::::::

Q 次の2つには、意味的にどんな違いがあるでしょうか。

1．夏休みに富士山に登ろうと思います。
2．夏休みに富士山に登ろうと思っています。

:::::: STEP 2 ::::::

Q 同じく予定を表す表現に【〜つもりです】があります。これも初級の同じ時期に勉強する項目で、この2つの違いをよく聞かれます。みなさんはどのように説明しますか。

1．週末映画を見るつもりです。
2．週末映画を見ようと思っています。

:::::: STEP 3 ::::::

Q 「〜うと思っています」を使った会話練習をするために、会話例を作成しました。ところが、次の会話はどうも不自然です。どうしてだと思いますか。

A：Bさんは週末、何をしようと思っていますか。
B：渋谷に行こうと思っています。
A：渋谷で何をしようと思っていますか。
B：映画を見ようと思っています。Aさんは何をしようと思っていますか。
A：海に行こうと思っています。でも、週末は雨です。
B：一緒に渋谷へ行きませんか。……

確認しましょう

STEP 1

　意志形を使った文型として最初に学習するのが、【意志形＋と思う】という表現です。【意志形＋と思う】で自分の予定や意志を表します。「〜ています」は「朝から雨が降っています」のように、現在まで何かが継続している様子を表します。ですから、「思う」気持ちがずっと続いているのを「思っています」というわけです。よく学習者からは「〜と思います」と「〜と思っています」の違いは何かという質問があります。

　例の１、２はどちらも富士山へ登る予定について話していますが、以前からあった予定を言うには２の「〜と思っています」のほうが適当でしょう。１はたった今決心したことかもしれませんね。また、「今からゲームを始めようと思います」はいいですが、「今からゲームを始めようと思っています」だと「今から、今から……」と言いながら、始めるまでにずいぶん時間がかかっていそうです。

　このように「思う」「思っている」は意味的に違いますが、この２つの使い間違いはよく見られます。

　（例）×　これからはお年寄りに席を譲ろうと思っています。
　　　　　　……「これから」なのに「思っている」？
　　　　×　去年からタバコをやめようと思いますが、なかなかやめられません。
　　　　　　……「去年から」なのに「思う」？

　「〜ている」の意味を理解して、２つの違いを使い分けできるように練習しましょう。

STEP 2

　【〜つもりです】も予定を表す表現ですが、こちらは予定が具体化している時に使います。「映画を見るつもりです」と言えば、もう何を見るか決まっていて映画の前売り券も買っているような状態です。一方、「映画を見ようと思っています」は見ようという気持ちはあるものの、それ以上のことは何も決まっていません。また、【〜つもりです】は「もうここには来ないつもりです」というように、ない形を使って「しない」という強い決定を表すこともできます。また似ている表現に「〜予定です」もあります。これは個人の楽しい予定をいうより「週末出張する予定です」など、硬い表現に適しています。「会議の予定です」と名詞につくこともできます。

　もう一歩進んで、中級になると「〜つもりはない」という表現も学習します。２つは

どう違うのでしょうか。

　Ⅰ：国へ帰らないつもりです。
　Ⅱ：国へ帰るつもりはありません。

　Ⅰは「国へ帰る」という行為を否定し、Ⅱは「国へ帰る」という意志を否定しています。つまりⅠの場合は「夏休みは国へ帰るの？」という問いに「国へ帰らない」という自分の予定を述べており、Ⅱは「国へ帰りなさいよ。帰りたいんでしょう？」と言われ、「国へ帰る」という気持ちが一切ないと述べているのです。誤解されそうになった時は「そんなつもりはありません！」と後者を使って否定するのではないでしょうか。

⋮⋮⋮ STEP 3 ⋯⋯⋯⋯⋯⋯⋯⋯⋯⋯⋯⋯⋯⋯⋯⋯⋯⋯⋯⋯⋯⋯⋯⋯⋯⋯⋯⋯

　AとBは週末の予定について話しています。文法的には間違いはなさそうですが、【意志形＋と思う】をたくさん使わせたいと思うあまり、会話が不自然になっています。まず、相手の予定を聞くのに「何をしようと思っていますか」という質問文は相手の意志を問うようで不自然です。まして、「何をするつもりですか」など論外。ケンカを売っているように聞こえてしまいます。質問文は「～うと思っていますか」より「何をしますか」が適当です。より自然な会話にしたいなら「週末の（ご）予定は？」という言い方を教えてもいいのではないでしょうか。また、一問一答の中に「へえ」「そうですか」などのあいづちを入れるだけでも活き活きした会話に聞こえます。「～と思っていましたが」という応用を盛り込んでみてもいいでしょう。会話例は、文法の正確さに加えて実際の生活で使える自然な会話かどうかよく考えて作成することが大切です。

　(例)　(　　　)の言葉をかえて会話を作りましょう。
　A：Bさん、週末の予定は？　何かありますか。
　B：私は(渋谷)に行こうと思っています。
　A：へえ、(渋谷)で何をするんですか。
　B：う～ん、(映画を見)ようと思っています。Aさんは？
　A：(海に行こ)うと思っていましたが……(週末は雨だと聞きました)。
　B：そうですか。じゃあ、よかったら一緒に(渋谷へ行き)ませんか。……

ＱＡドリルの落とし穴

●●●●●●●●●●●●●●●●●●●●●●●●●●●●●●●●●●●●●

「連休に○○さんは何をする<u>つもりですか</u>」

「～つもりです」を使って答えてほしいと思うあまり、学習者にこんな質問を投げかけていませんか。はたして、私たちは週末の予定を聞く時、本当にこのような質問をしているでしょうか。これは、質問と答えを対応させたＱＡドリルの落とし穴です。機械的なＱＡドリルは、時に私たちが普段決して使わない日本語を学習者に練習させてしまう危険があることを忘れないでおきましょう。

ところで、なぜ「～つもりですか」という問いは不自然なのでしょうか。「～つもりです」「～うと思っています」という文型は自分の予定の中でも、今後の行動の中で自分が<u>意志を持ってすること</u>を表します。それを質問するのは相手に意志があるかどうか聞く時、つまり、相手の意思を確認したくなるほどその行動が理解できない時です。「明日勉強するつもりですか」という質問が「明日本当に勉強する気があるわけ？（そんな気持ち理解できない！）」と非難めくのはそのためです。

この間違いを避けるために、「『～つもりですか』『～うと思っています』という質問の文はありません。質問の形で使ってはいけません」と説明してしまうことがあります。この説明は正しいといえるでしょうか。これらの質問文は相手の予定を聞くには不適当というだけで、あり得ない文ではありませんね。相手の意志を問いたくなる時、私たちは普通に使っているはずです。例えば、挙動不審で行動の意図が見えない人。突然ナイフを振り回し始める人がいたら「何をするつもり？」と言いませんか。意図と行動が一致していない人に「何をしようと思っているの？」と声をかけることもあるでしょう。

〈不自然な文＝誤文〉 とは限りません。使う状況を間違えている可能性もあるのです。

おかしな文だと思ったら、「だめです。間違いです」と言う前に、なぜおかしいのか考えてみましょう。

受身形　　心情と視点と

::::: STEP 1 ::

Q 次のような文を学習者がよく作ります。意味はわかりますが、ぎこちなさを感じてしまいます。その一因は、下線部に受身形を使っていないことがありますが、では、なぜ受身形を使わないと違和感を覚えるのでしょうか。

> 今日は嫌なことがたくさんありました。私は寝坊して、電車に乗り遅れました。それに、スリが私の財布を<u>ぬすみました</u>。私は新しいスーツを着ていたのに、雨も<u>降りました</u>。

::::: STEP 2 ::

Q それぞれ母親は何を読んだのでしょうか。下線部の表現から想像して、（　　　）を考えてください。

　1．母に（　　　　　　　）を<u>読まれた</u>。
　2．母に（　　　　　　　）を<u>読んでもらった</u>。

::::: STEP 3 ::

「田中さんが山田さんを殴った」という文を受身形にする導入をした時、次のような板書をしました。

Q これを見た学習者は「田中さんが<u>山田さんの顔</u>を殴った」という文を「<u>山田さんの顔</u>は田中さんに殴られた」としました。いかにも直訳的文章ですが、より日本語らしく言えるようになるためには、導入ではどんなことに気を付けなくてはいけないか考えてください。

確認しましょう

∴∴ STEP 1 ∴∴∴∴∴∴∴∴∴∴∴∴∴∴∴∴∴∴∴∴∴∴∴∴∴∴∴∴∴

　学習者から、どうして「スリは私の財布をぬすんだ」「雨が降った」と言わずに受身形を使うのかという質問をうけることがあります。私たちが受身形を使う理由は、大きく2つ挙げられるでしょう。その一つは、もちろん心情の表現です。受身形を使う場合、被害者としての心情がストレートに伝わるため、同時に「私」への同情的な反応や共感を得る効果が得られます。その結果、聞き手はかなり否応なく「大変でしたね」「かわいそうに」と言わされることになります。

　もう一つは、視点の問題です。例文はすべて「私」について話しているのに、「私」→「スリ」→「雨」と視点がバラバラ動いては聞き手にわかりにくくなります。話したいことは「スリ」や「雨」のことではなく、あくまで「スリ」や「雨」に被害を受けて困っている「私」です。ですからこの場合、「私は」で話を続けたほうが、流れが自然に聞こえるのです。

∴∴ STEP 2 ∴∴∴∴∴∴∴∴∴∴∴∴∴∴∴∴∴∴∴∴∴∴∴∴∴∴∴∴∴

　受身形の文にはSTEP1で述べた通り、行為の受け手（された人）が被害、迷惑を受けたと感じた場合に使い、嫌な感情を伝える効果があります。1では、母に見られたくない（プライバシー度が高い）もの、例えば日記や手紙などを読まれて困っている状況が想像できます。

　一方、「母が（子供時代、自分のために絵本などを）読んだ」という行為を嬉しいと感じ、感謝している場合は「読んでくれた／もらった」と言うことで、その心情を伝えられます。同じ「読む」という行為についても、その行為を受ける側の気持ちによって、受身形を使うかどうかが決まるのです。

::::: STEP 3 :::

　受身形の導入では、前述のように板書に矢印などを書いて主格の位置が入れ替わることを学習者に注目させることが多いため、それを見た学習者はただ機械的に主格を入れ替えてしまうということが起こります。その結果「山田さんの顔は田中さんに殴られた」のような文を作ってしまうのです。

　これでも意味は通じますが、いかにも直訳的ですね。日本語の場合、「山田さんは田中さんに顔を殴られた」と言うのが普通です。

　学習者が自然な文を作るようにするためには、理屈やルールだけでなく、その表現を使う場面と言葉を、心情を込めて印象的に紹介することが大切です。例えば、「大変だ！」「困った！」「どうしよう！」などを教師が先に言い、学習者が思わず「どうしたんですか」と聞いたところで、「大切な手紙を読まれた」とか、「カバンを盗られた！」などと言います。そして、学習者にさらに「誰に？」とか、「それは本当に大変ですね！」など、ふさわしい反応をさせてみましょう。学習者は場面と言葉が一致して、意味と効果を実感として理解できます。そして、「こんな場面の時はぜひ受身形を使ってみよう！」という学習者のモチベーションを引き出せればしめたもの。後の練習などの展開は、放っておいてもうまく進むはずです。

動詞の分類

●●

　日本語話者であれば無意識に区別していますが、実は日本語の動詞には様々な分類があります。ここでは、日本語を教えるうえで大前提となる代表的な分類を3つご紹介します。

〈自動詞？　他動詞？〉

　文字通り、①自分の動作（例：私は海で泳ぐ）、②自然な動き（例：窓が開く）を表すものが自動詞、動作主の動作が他の対象物を動かす（例：私は窓を開ける）ものが他動詞です。「開く／開ける」「落ちる／落とす」のように、自動詞②と他動詞との対応は初級の後半に学習します（「自動詞／他動詞」P.143参照）。この自他の区別で、動作主の有無が表せます。「私が<u>落としたんじゃない。落ちていた</u>んです」という言い訳も、自他が使い分けられてこそできるものですね。〈自＋ている／他＋てある〉の違いを学習する上でも、この使い分けは重要です。なお、「AはBを動詞」のように〈ヲ格がある＝他動詞〉と考えがちですが、ヲ格にも対象を表さないものがあります。「公園を<u>歩く</u>（通過）」「家を<u>出る</u>（起点）」などは自動詞ですね。

〈状態？　動作？〉

　金田一春彦は「〜ている」の形に着目し、動詞を4つ（A：状態、B：継続、C：瞬間、D：第4の動詞）に分類しました。Aは少なく、「いる／ある」など「〜ている」の形にならずに状態を表す動詞です。それに対し、動作を表すのがBとCです。Bが「食べている／泳いでいる」のように「〜ている」の形にすると動作の継続・進行を表すのに対し、Cは「落ちている／死んでいる」のように、ある動作や変化の結果残った状態を表します（「〜ている（状態）」P.171参照）。中級で頻出のDは「とがっている／似ている」のように物事の性質を表し、文末ではいつも「〜ている」となります。

〈意志がある？　ない？〉

　「食べよう／泳ごう」は言えても「飽きよう／あろう」は変ですね。前者は意志動詞、後者は無意志動詞といいます。後者は自然現象（例：雨が降る・晴れる）や心理的、生理的に調整できないもの（例：困る・痛む）です。こちらは意志形・可能形・命令形にすると不自然で、予定の「〜つもりです」、目的の「〜ために」、準備の「〜ておく」などには使えません。

　以上、ほんの一例ですが、学習者の誤文はこのような動詞の性質が原因であることが少なくありません。折を見て文法書などに目を通しておきましょう。

可能形   できそうでできない―意外と難しい！

:::::: STEP 1 :::

Q 「話せる」「曲げられる」「入れる」など、可能形はどれも同じ「できる」という
意味のようですが、厳密には「能力、性質、条件」に分けられます。では次の
１〜３と同じ用法の文をａ〜ｃの中から選んで、線で結んでみましょう。

  １．私は英語が話せます。   ・   ・ａ英語力があればこの学校に入れます。

  ２．この魚は食べられません。   ・   ・ｂこのエアコンは使えません。

  ３．明日の朝まで電気が使えません。・   ・ｃ私は箸で食べられません。

:::::: STEP 2 :::

Q 「見えません」「見られません」と「聞こえません」「聞けません」は、どちらも
「できない」という意味なので、学習者には使い分けが難しいようです。学習者が
次のような文を作ったら、どう説明しますか。

  先生、字が小さくて見られません。

:::::: STEP 3 :::

Q 可能形を教える時に「行けません」と「行きません」は違いますか、という質問が
よく出ます。例えば、「明日は両親が国から来るので、学校のパーティーには……」
という状況にしてしまうと、「行けません」でも「行きません」でもどちらでも可
能になってしまいます。「行かない」という意志なのか、行きたくても状況的に
「行けない」のかはっきり示せる例文が必要ですが、どのような場合が考えられる
でしょうか。

確認しましょう

STEP 1

　1は、cの「私は箸で食べられません」と同じ「個人の能力」に分けられる用法です。2は、bの「このエアコンは使えません」と同様に「そのものの性質」、3は、aの「英語力があればこの学校に入れます」と同じ「条件」に分けられる用法です。ですから、「この魚は食べられません」と「私は箸で食べられません」は性質と能力に用法も分かれるわけです。一方、中国語の場合は「私は牛肉が食べられません」は「我不能〜」、「このエアコンは使えません」は「〜不可以〜」のように、同じ可能の表現でも違う言葉が使われているので、導入の際の例文では用法の違いを頭に入れ、〈能力〉〈性質〉〈条件〉それぞれの状況を分けて教えるよう心掛けましょう。

STEP 2

　「見える」というのは、目を開ければ自然に物の映像が入ってくることに使い、「聞こえる」というのは、自分の耳に自然に音が入ってくることに使います。それに対して、「見られる」「聞ける」というのは、条件が合って初めて自分の行為が達成できることに使います。例えば、クラスでは「私はマンションに住んでいます。あ、富士山が見えます。東京タワーも見えます。海も見えます」と視界に物が入ってくるということで説明します。そして、「ケーブルテレビに加入したので、今日から外国のテレビが見られます」と「ケーブルテレビに加入していないので、外国のテレビが見られません」の2つの文を出して、視力には何の問題もないが、ケーブルテレビのある／なしで「見られる」「見られない」の2つがあることを説明するといいでしょう。

　また、学習者は可能／不可能を表現するために、動詞をいつも可能形にする必要があると考え、「日本は私の国といろいろなことが違うので、なかなか慣れられません」という文を作ってしまいます。日本語では「わかる」「慣れる」は自動詞同様、自分でコントロールできない変化と捉えるので、可能形が作れないことも併せて確認しておきましょう。

::: STEP 3 :::

　どのような状況を考えましたか。まず、〈しないという意志〉をはっきり出すために、能力や状況は〈可能だ〉という前置きが必要になります。こういう時は、能力などがはっきりと必要になる単語や場面に切り替えて例を挙げるとわかりやすくなります。

　例えば、「泳ぐ」などはどうでしょう。「私は毎日３キロ泳いでいます。でも、今日は疲れているので、泳ぎません」と言えば、「毎日泳いでいる」前提が立つので、「泳げない」という表現が当てはまらないのがわかりやすくなります。それに対して、「私は水泳が苦手です。子供のころから練習していますが、まだ泳げません」と言えば、「苦手」と「練習しているけど」の言葉がポイントになるので、〈できない・不可能だ〉という表現になりますね。

　ところで、授業で可能形を教える際、意志か可能／不可能かの区別を強調して教えるため、学習者もその通りに使おうとします。けれど、はたして日本語話者はそのように使っているでしょうか。たとえ、「行きたくない。行かない」という結論であっても、相手に伝える時には「申し訳ありませんが、行けません」のように可能形を使って答えるのではないでしょうか。「行けない」という表現を使うことにより、「行きたいけど事情があって……」という状況が相手に伝わるので、たとえ誘いを断っても相手を傷付けずに済むのではないかと思います。日本で生活する学習者にとって、人間関係をつなぐコミュニケーションは重要です。初級だからと遠慮せずに、できる範囲で学習者の社会生活に役立つような言語生活が送れるよう、サポートしていきたいものです。

さらにステップアップ！

　テレビや日本人の友達を通して、「食べれない」「見れない」などの「ら抜き言葉」といわれる表現を知り、違いを聞いてくる学習者がいます。どの国でも見られる現象ですが、言葉は時代とともに変化していくものです。周りの日本人が「ら抜き言葉」を多用すれば学習者も自然と使うようになっていくでしょう。ですから、意味に違いはないということは説明しておきますが、後は学習者に任せて使いやすい、使いたい方を使っていけばいいと思って教えています。

動詞の活用

　私たち日本語話者が国語の時間に学習する学校文法では、動詞の活用は次のように五段・上一段・下一段・カ行変格・サ行変格動詞の5種類に分けられています。

表1：動詞の活用

	種類	例	語幹	未然形	連用形	終止形	連体形	仮定形	命令形
1グループ	五段	聞く	聞	か・こ	き・い	く	く	け	け
2グループ	上一段	居る	(居)	い	い	いる	いる	いれ	いろ いよ
	下一段	捨てる	捨	て	て	てる	てる	てれ	てろ てよ
3グループ	カ変	来る	(来)	こ	き	くる	くる	くれ	こい
	サ変	する	(す)	し・せ	し	する	する	すれ	しろ せよ

　日本語文法では、法則の似ている上一段と下一段でひとつ、変則的なカ変とサ変でひとつにし、五段動詞と合わせて計3つのグループに分けています。教科書によってその名称は様々ですが、五段動詞は主に1グループ、グループ1、動詞1、第1類、regularⅠなどと呼ばれ、対する一段動詞は2グループ、regularⅡ、変格活用動詞は3グループ、irregularなどと呼ばれています。さらに、1グループは活用の変化が激しいので強変化動詞、またはローマ字表記にすると「kik-anai、kik-u」となり、語幹が「kik」と子音で終わることから子音動詞と呼ばれ、対する2グループは弱変化動詞、母音動詞と呼ばれることもあります。

　また、未然形・連用形のような活用形の名称も日本語文法では用いません。日本語の教科書では、活用形は次のような名称でひとつずつ学習します。教科書によっても若干異なる場合があるので、学習者が混乱しないよう事前にチェックしておきましょう。

表2：文法項目の名称

学習項目	例	学習項目	例	学習項目	例
ます形	読みます 食べます	た形	読んだ 食べた	受身形	読まれる 食べられる
ない形	読まない 食べない	可能形	読める 食べられる	使役形	読ませる 食べさせる
辞書形	読む 食べる	意志形／意向形	読もう 食べよう	使役受身形	読まされる（読ませられる） 食べさせられる
て形	読んで 食べて	ば形／仮定形	読めば 食べれば	命令形	読め 食べろ

～かもしれない　　　これで「かもしれない」がわかるかもしれない！

:::::: STEP 1 ::

Q あなたは受験生の親です。次の会話を聞いてどんな感じがしますか。

母親A：先生、うちの息子はあの〇×学校に入れますか。
教　師：合格できる<u>はずです</u>よ。
母親B：先生、うちの子はどうかしら？
教　師：合格できる<u>かもしれません</u>よ。
「はずです」と【かもしれません】にはどのような違いがありますか。

:::::: STEP 2 :::

【～かもしれない】について説明しているある授業での1コマです。

教　師：あの人は来るかもしれません、来ないかもしれません。……来る？　来
　　　　ない？　来る可能性は50％です。可能性が50％の時、【～かもしれない】
　　　　を使います。

Q 本当に可能性は50％でしょうか。次の文において、「男である」可能性は50％
ですか。

あの人は男かもしれない。

:::::: STEP 3 ::

Q 練習では「事実はわからないが、いろいろなことが考えられる」という状況を提
示すると、発話が広がります。次の例を参考に、ほかにもいろいろな状況設定を
考えてみましょう。

（例1）　　T：今日はキムさんが来ませんね。
　　　　　　S：＿＿＿＿＿＿＿＿＿＿＿＿＿＿かもしれませんよ。
　　　　　　　（寝ている／病気／次の時間から来る、など）
（例2）　　T：あ、財布がない！
　　　　　　S：＿＿＿＿＿＿＿＿＿＿＿＿＿＿かもしれませんよ。
　　　　　　　（家にある／どろぼう／××さんが持っている、など）

確認しましょう

STEP 1

　教師が自信を持って送り出すのはＡ君のようですね。「はずです」は客観的根拠に基づく確実性、つまり、Ａ君の努力や○×学校の傾向と対策などを、傍で見てきた教師の「絶対合格！」と確信する気持ちが表せます。一方「かもしれません」は①<u>根拠がなくてもいいのです</u>。自分の勝手な推測にも使え、よくも悪くも確実性はかなり低いです。「可能性はゼロではないから」という母親への慰めにも聞こえますね。

STEP 2

　人の気持ちは「〜％」と数字で表さないので、この説明では少々わかりにくいですね。ここでは「男、または女である可能性が半々」というのではなく、「女だと信じていたのに男という可能性も出てきた……もうどっちかわからない」と言いたいのでしょう。【〜かもしれない】は「知れない」と書く通り、②<u>はっきりわからない、全く未知である中</u>で「こんな可能性もある」と考え出す表現です。

　（例）「この人が社長かもしれないからあいさつしよう」
　　　　「違うかもしれないからやめたほうがいいよ」

　名前だけ見て直感で言ってもいいのです。これに対して「〜でしょう」はもう少し根拠があり、確実性も高い推測です。「この人が社長でしょう」と言えば、社員が敬語を使う様子などを見て、心の中では「社長だ」と確信して言っているようですね。
　また、【〜かもしれません】は、自分が100％確信していることでも遠慮がちに言いたい時、③<u>「私にはわかりませんが……」</u>と濁す、いわゆる婉曲表現としても使えます。

　（例）「部長、今日はちょっと飲み過ぎかもしれません」
　　　　……本当は「飲みすぎだ。もうやめろ」と言いたい。

STEP 3

　ほかに、心配性の親（あの子、忘れ物をしたかも……、事故にあうかも……）や、酔っ払った翌日の回想（誰か殴ったかも……、駅で寝たかも……）など、学習者に合わせた設定でいろいろな可能性を話しましょう。

使役形

誰が誰に？ 主語を間違えないように

:::::: STEP 1 ::

Q 「お皿を洗わせる」「廊下に立たせる」のように、使役形には何かを指示し、強制する意味がありますが、ほかにはどんな意味があるでしょうか。次の例を参考に考えてみましょう。

　　1．お母さんは公園で子供を遊ばせた。
　　　　娘が留学したがっているので、行かせることにした。
　　2．彼はいつも彼女を泣かせている。
　　　　父は突然帰国して、家族を驚かせた。

:::::: STEP 2 ::

Q （　　　　）の中に助詞を入れてください。

　　1．先生は学生（　　　　）本を読ませた。
　　2．先生は学生（　　　　）立たせた。

　　2つとも使役文ですが、助詞が違うのはどうしてでしょうか。

:::::: STEP 3 ::

Q 学習者から次のように質問されました。みなさんはどのように答えますか。それぞれどんな場面で使うか考えてみましょう。

　　「『座ってもいいですか』と『座らせてください』はどう違いますか」
　　ヒント：「（私に）～させてください／させていただけませんか」は、使役形を使った許
　　　　　　可を求める表現ですね。また、「～てもいいですか」という文型は初級の前半に
　　　　　　勉強するということも考慮しましょう。

確認しましょう

::::: STEP 1 :::

使役形を導入する時には、次のように学習者に実際動いてもらうとわかりやすいです。

　T　：キムさん、本を読んでください。

キム：（本を読む）

　T　：はい、ありがとう。キムさんは本を読みました。では、私は何をしましたか。

　S　：先生は……

　T　：「先生はキムさんに本を読ませました」……

このように、指示に従って動いてもらい、使役形を言わせていきます。

〈XはYに（を）＋使役〉のXには指示する強者が、
Yには指示を受けて行動する弱者がきます。これを
わかりやすくするために、右図のように板書すると
いいでしょう。

（例）

　　　　は ○ に ___使役___

　　　　　　　（を）

このように、使役はある人が指示をしてほかの人の行動を促す時などに使いますが、促し方によってその意味はさまざまです。上のように「本を読みなさい！」「廊下に立っていなさい！」という強制の意味もあれば、1のように「遊んでもいいですよ」「勝手に遊べば？」という放任・許可の意味にもなります。これらの文はXの立場で書いた使役形では全く同じ文型になりますが、Yの立場で考えると、強制なら嫌な気持ちを込めて「本を読ま<u>された</u>」と使役受身文に、許可なら感謝の気持ちをこめて「留学さ<u>せてもらった</u>」という表現になります（「使役受身形」P.131参照）。初級では、この強制、放任・許可の意味と、「～させてください」という許可を求める表現を主に学習します。

もう少し進んで、2の場合はXが「泣いてください」と直接指示したわけではないのですが、結果としてXがYの行動を促したことになっています。この形は「泣かせる」「笑わせる」「がっかりさせる」などの感情を表す動詞や「死なせる」「狂わせる」など自分でコントロールできない自動詞を使った使役の表現です。

::::: STEP 2 :::

　A〈XはYにNを＋使役〉は他動詞の使役文、B〈XはY<u>を</u>＋使役〉は自動詞の使役文の形です。しかし、自他動詞の区別をつけられない学習者にはN（目的語を表す名詞）

に注目させてください。「本を読ませる」「漢字を覚えさせる」のようにN (物) があれば他動詞の使役文、「立たせる」「座らせる」「泳がせる」のようにNがなければ自動詞の使役文です。

　しかし、一部の自動詞の中には〈XはYに＋使役〉という形をとるものもあります。

（例） ┌ 両親は娘を働かせた　　┌ 課長は彼を行かせた
　　　 └ 両親は娘に働かせた　　└ 課長は彼に行かせた
　　　 ┌ コーチは選手を走らせた（休憩させた）
　　　 └ コーチは選手に走らせた（休憩させた）

　「に」をとる場合、Yは意志があるものに限られ「彼はバイクを走らせた」などの無意志的な物は「に」になりません。「を」をとる場合はXの強制力が強調されますが、「に」の場合はYの意志に従ってXが許可・放任したというニュアンスになります。

　細かい違いなので、初級では最初に挙げたA、Bの形だけを教えることが多いようです。それでも学習者から突然出てきた文に対応できるように、教師が自ら自他動詞で混乱しないように、きちんと整理しておきましょう。

::: STEP 3 :::

　許可を求める状況や気持ちはだいぶ違いますね。「座ってもいいですか」は相手にいいかどうか判断を委ねる時。空席が1つあったらこう聞きますね。それに対し「座らせてください」は自分の希望を前面に押し出しています。気分が悪くてどうしても座りたかったらこう言うのではないでしょうか。

　STEP1で述べたように、〈XはYに（を）＋使役〉のXには指示する強者がきます。実際の生活で学習者がXの立場になることは少ないため、「いつ使うのかわからない」という質問を受けたり、無理に使おうとして「私は先生を立たせた」と主語を間違えたりします。使役の形がわかったら、少し応用して学習者が使いそうな設定で練習しましょう。例えば、熱心な新入社員として上司に「私に～させてください」と申し出たり、「子供のころ父（母）に～させてもらったので、私が親になったら～させてあげたい」などと実体験を話したりするのもいいでしょう。

折り紙？ 子供の遊びじゃないか……

●●●●●●●●●●●●●●●●●●●●●●●●●●●●●●●●●●●●●

　外国人と話していると「日本の文化について知りたい」とか「日本の習慣について勉強したい」とか、かしこまって言われることがあります。また日本人の方も「これは日本の文化です」とか「日本人はね……」のように言うことがあります。

　ひとしきり好奇心が満足すると「〜は、〜だ」と新しい知識を分類して記憶するのではないでしょうか。でもその分類が正しいかどうか、いつわかるのでしょう。

　「折り紙」と聞いたら、まず何を思い浮かべますか。折り鶴？　子供時代のこと？　簡単だとか大人になって指が太くなったからやりたくないとか、そんな感じかもしれません。私が「折り紙」について取り挙げる時は、正三角形・正五角形・正六角形・正八角形を折ってもらうことにしています。言葉は数学用語ですが、要するに「同じ」長さを折りだせばいいのです。用語と折るだけ（鶴のような難しい手順は不必要）という単純さに惹かれて、子供っぽいと引き気味だった男性が特に夢中になります。

　知っている、あるいは当たり前だと思い込んでいることが、実は偏った見方かもしれないと気付くのは容易ではありません。誰もが異文化にいつも正しく接することができればいいのですが、それはたいへん難しいことのようです。私たちは、無意識に自分が持っている既有の経験や知識から判断しています。ですから簡単にわかった！　とか相手が悪いと思ったりして、不適切な行動をしがちです。おかしい、不愉快だと思った時に、少し立ち止まって（エポケー：判断留保）、そのままの対象を受け入れてみることができるようになれないだろうか……。私にとって、日本文化や日本事情の授業をすることは私自身のあり方を考えることでもあるのです。

使役受身形　　誰の行為？ どんな気持ち？

:::::: STEP 1 :::

Q これは昨日の「私」について書かれた文と絵です。この中で、絵と合わない不自然な文はどれですか。また、どうして不自然だと思いましたか。

A　昨日、私は部長とワインを飲んだ。

B　昨日、私は部長にワインを飲まされた。

C　昨日、私は部長にワインを飲ませてもらった。

:::::: STEP 2 :::

Q 受身文と使役受身文の違いをどのように説明しますか。次のうち受身文はA、使役受身文はBとし、それぞれ誰に対し、どんな場面で使うか具体的に考えてみましょう。

1．私は来られた。　　　　（　　　）　　私は来させられた。　　（　　　）

2．私はワインを飲まされた。（　　　）　　私はワインを飲まれた。　（　　　）

3．私は財布を盗まれた。　（　　　）　　私は財布を盗まされた。　（　　　）

:::::: STEP 3 :::

Q 使役受身文には形が2種類あります。使役形をそのまま受身形に変形したもともとの形（飲ませる→飲ませられる）と、それを短縮した形（飲まされる）です。しかし、動詞の中には短縮形にできない動詞があります。どんな動詞でしょうか。

確認しましょう

:::: STEP 1 ::

　初級前半の学習者だったら、Aのような文しか書けないでしょう。一歩進んで、「私」の立場に立って「私」の心理面まで描写するにはどうしたらいいでしょうか。「私」はもう飲みたくないのに部長の勧めでしぶしぶ飲んでいたようですね。このような「私」の嫌な気持ちまで表すにはBの使役受身文が適当です。このように使役受身文を使うと、ほかの人に強制され、したくない行為をする主体の感情までもたった一文で表せるわけです。一方、嫌々飲んでいる「私」に対して、Cの文は不自然さを感じたのではないでしょうか。使役受身文とは反対に、他人の恩恵を受け、したかったことができた時にはCのように「させてもらう」を使います。例えば、普段行けない高級なお店で、普段飲めない高級なワインをごちそうしてもらったなら、部長に感謝の気持ちを込めて「部長にワインを飲ませてもらった」というのが適当でしょう。

　また、もし「部長」の立場から描写した場合は「私（部長）は部下にワインを飲ませた」という使役文になりますね。どちらの立場に立つかによって「飲ませた」（使役形）や「飲まされた」（使役受身形）など、使う動詞の形も変わってくるのです。「部長」の立場のような使役形、「私」の立場のような使役受身形……あなたは普段どちらを多く使いますか。

:::: STEP 2 :::

　使役受身文は初級の後半に学習する表現です。使役受身文を使うことによって、迷惑を受け、嫌な気持ちになったことが表せます。学習者が使役受身文と混同しやすいのが受身文です。それは使役受身文の直前に学習していることが多く、形も似ている上に、同じように迷惑な気持ちを表せる表現だからでしょう。

1．私は<u>来られた</u>。　　　　（ A ）　　私は<u>来させられた</u>。　　（ B ）
2．私はワインを<u>飲まされた</u>。（ B ）　　私はワインを<u>飲まれた</u>。（ A ）
3．私は財布を<u>盗まれた</u>。　　（ A ）　　私は財布を<u>盗まされた</u>。（ B ）

「『迷惑を受けて嫌な気持ちの時には受身形を使うといい』と勉強したばかりなのに、今度はシエキウケミケイ？　同じ迷惑な気持ちなら、全部受身形でいいじゃないか……」と学習者は混乱します。このような受身形・使役受身形はほとんど母語で直訳することができないようです。中国語には受身・使役受身表現がありませんし、「日本語は文法

が似ているから勉強しやすい」と思ってきた韓国語話者も、ここで大きな戸惑いを見せます。文型だけ教えようとすると、「わざわざ『飲まされた』と変形する意図がわからない。『ワインを飲んだ。嫌だった』でいいじゃないか」と拒む学習者も出てくるでしょう。

使役受身形は、一文で主体の感情まで伝えられる便利な表現です。誰にでも嫌な経験はあるものですね。これを使うことによって、そんな自分の嫌な経験を活き活きと伝えられるのです。授業中は学習者が「ある、ある！」と共感できる、学習者にとって身近な状況を例に挙げましょう。そして、慣れるまでは主語を「私」に固定して、実際に教室で動きながら導入すると違いが理解しやすくなります。受身形と使役受身形の大きな違いは、嫌な気持ちになったのは両方とも「私」ですが、行為をした人間が違うという点です。受身形は「他人」が行為をし、それに対して嫌な気持ちになった時に使います。使役受身形は他人に強制されて「私」が嫌々行為を行ったという時に使います。例えば1の場合「来た」のは誰ですか。A（受身形）は「他人」です（家でゆっくり休もうと思ったら、セールスマンに「来られた」）。B（使役受身形）は「私」です（休日出勤したくないのに、上司からの電話でしぶしぶ会社へ「来させられた」）。教室で受身形と使役受身形を混ぜて練習する場合は、学習者に2つの状況を少し大げさに演じてもらい、「（ワインを飲んだ）人は誰？　嫌な気持ちになった人は誰？」とみんなで確認していきましょう。

::::: STEP 3 :::

どちらの形を教えるかは教科書によって違いますが、学習者の負担を減らすため、どちらかひとつだけを教えるほうが多いようです。ただし、1グループの「-す」で終わる動詞（話す／殺す／貸すなど）は短縮形にすることができないので、例外として教えなければなりません。

	使役形	使役受身形	使役受身（短縮）形
飲む	飲ませる	飲ませられる	飲まされる
話す	話させる	話させられる	×　話さされる

どちらの形を使うにせよ、教える側としてはどちらの形にもすぐに変形できるようにしておきましょう。

「に」の不思議

・・

　「彼にもらう／借りる／習う」など、「に」ではなく「から」を使うべきところ、なぜまた「に」を使うのだろうか、と思ったことはありませんか。

　「に」という助詞は本来、「〜に行く」のように進行方向の先、目的地に向いたベクトルの先（右図1）に帰着するイメージをもって使われます。

　しかし、この「もらう」「借りる」などの場合、右図2のように「に」からベクトルが出ています。これは一体どう説明すればいいのでしょう？

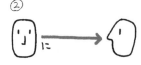

　「もらう」「借りる」「習う」という語をよく分析すると、受益者（もらう人）はすべて、主語と同一です。一見、受益者は受け取るだけのように見えるのでだまされるのですが、「もらう」「借りる」など、実はその行為の発端は受益者自身にあると考えれば、理にかないます。いずれも主語は受益者自身（例えば私）になります。私が「借りる」と言った場合、モノは私に移動しますが、借りるという行為そのものの始めは、私自身です。私が「貸して」と頼まなければ、借りることは実現しないからです。「習う」「もらう」も同様に考えられます（習う：学校や塾に行くのは自分。その結果として学びを得る。もらう：単独だとわかりにくいが、「〜してもらう」という構文にすると違いがでる。「医者にみてもらう」「親に車を買ってもらう」など、いずれも行為の発端は「私」にあり、「私」が頼まなければ実現しないという点で同じ）。

　そう考えると、実はこのベクトルは右の図3のように表すことができ、確かにベクトルの方向もそもそもの「に」と同じ向きであることがわかります。

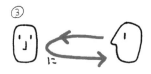

辞書形／ない形（文法編）

動詞を3つのグループに分けられますか

:::::: STEP 1 ::::::

Q−1 次の例を参考にして、ほかに辞書形とない形を使った表現にはどんなものが
あるか考えてみましょう。

「ここには座らないでください」（ない形を使った表現）
「私は映画を見るのが好きです」（辞書形を使った表現）

Q−2 学習者に「ジショケー（辞書形）の意味は何ですか」と聞かれたら、どう答
えますか。

:::::: STEP 2 ::::::

Q 日本語文法では動詞を大きく3つのグループに分けています。次の動詞群を見て
ください。どうやって3つに分けられているか、グループの共通項を考えてみま
しょう。

グループ1：聞きます　書きます　話します　死にます　読みます　遊びます
　　　　　　買います
グループ2：食べます　見ます　　寝ます　起きます
グループ3：勉強します　来ます
ヒント：ない形にして考えてみましょう。

:::::: STEP 3 ::::::

Q 実際の授業では、学習者は変形を次のように間違えることがあります。どうして
だと思いますか。

「渋谷で降らないで、新宿まで行きます」
「毎朝おふろに入る？」「ううん、シャワーを浴ぶ」
ヒント：「帰ります」「降ります」のグループは同じですか。

確認しましょう

⋮⋮ STEP 1

　これまで学習者は動詞の肯定形は「食べます」「飲みます」、否定形は「食べません」「飲みません」という形で学習してきました。初級半ばになると、国文法で動詞の連体・終止形と呼ばれる「食べる」「飲む」という形、そして未然形と呼ばれる「食べない」「飲まない」という変形のルールを学習します。日本語学習では前者を【辞書形】、後者を【ない形】と呼んでいます。辞書形やない形を勉強すれば、使える文型もますます増えていきます。

　辞書形を使った初級の文型は「荷物はここから送ることができます」「趣味は絵を描くことです」「買い物をする前に銀行へ行きます」「左へ曲がるとコンビニがあります」など、ない形は「今日映画見ない？　ううん、見ない（友達言葉の否定形）」「電車に乗らないで歩いていきましょう」などがあります。さらに変形させて「もう行かなくてはいけません」「まずかったら食べなくてもいいです」などの形もあります。このような新しい表現を学習する際、ない形の変形ルールを理解していないと意味がわかっても形が作れずにつまずくことになります。動詞の変形を教える時は変形練習を徹底して行いましょう（「変形練習あれこれ」P.138参照）。

　また、この文型を勉強するころには「辞書」という単語を学習者は知っています。実際に辞書を持って説明しましょう。

　（例）　T：みなさん、これは何ですか。
　　　　　S：辞書です。
　　　　　T：そうですね。食べます、飲みます……ます形です。食べる、飲む……辞書形です。
　　　　　　（辞書を見せながら）食べる、飲む……は辞書にあります。

⋮⋮ STEP 2

　国文法では動詞の変形をする際に五段動詞、上一段動詞、下一段動詞、カ行変格活用（カ変）、サ行変格活用（サ変）、という分け方をしましたが、日本語学習では学習者がよりわかりやすいように、動詞を大きく3つのグループに分けています。

　グループ1は国文法でいう五段動詞です。〈聞きます→聞かない→聞く〉、〈話します→話さない→話す〉など、ない形にすると「ます」の前がア段の音になり、辞書形にす

ると<u>ウ</u>段の音になります。このように、「ます」の前の音が変形するのがグループ１の特徴です。

　グループ２は国文法でいう上一段、下一段動詞です。「食べます」の「ます」をとって「ない」をつければない形、「る」をつければ辞書形です。「ます」の前は全く形が変わらないのがグループ２の特徴です。

　そして特別な変形をする「します」「来ます」（サ変・カ変動詞）の２つはグループ３の動詞として分類します。学習者からは「先生、この動詞は何グループですか」という質問がよくきます。すぐに答えられるようにグループ分けの練習をしておきましょう。

　ない形で気を付けなければならないのは、グループ１の中で「買<u>い</u>ます」のように「ます」の前に「い」がくるものです。学習者は〈ア段の音に変わる〉というルールに従って「買あない」「会あない」と変形してしまいます。「買います→買<u>わ</u>ない」「会います→会<u>わ</u>ない」となるようにワ行に沿って練習しましょう。

::: STEP 3 :::

　これらの間違いは２つともグループ分けを間違えたことが原因のようです。「帰<u>り</u>ます」はグループ１なので「帰る－帰らない」になりますが、「降<u>り</u>ます」「借<u>り</u>ます」はグループ２なので「降りる－降りない」「借りる－借りない」になります。学習者にとってはこの３つの動詞はどれも「ます」の前が「り」になっているので、グループを混同しやすいのです。同様にグループ１の「遊びます」は「遊ぶ－遊ばない」ですが、グループ２の「浴びます」は「浴びる－浴びない」です。また、「きます（来ます、着ます）」のない形はどうなりますか。「来る－来ない（グループ３）」「着る－着ない（グループ２）」ですね。意味は異なりますが音が同じなのでこれも学習者が形を変える時に混乱してしまう動詞です。

　変形練習は、まず動詞のグループごとに行い、グループ１、グループ２、グループ３それぞれ変形できるようになったら、すべての動詞を混ぜて練習します。その際には、上記の間違えやすい動詞を必ず混ぜて練習するようにしましょう。

変形練習あれこれ

●●●●●●●●●●●●●●●●●●●●●●●●●●●●●●●●●

　「何が好きですか」と聞かれ、「絵を……かきます、は1グループだから……かか、かき、かく……絵をかく、絵をかくのが好きです」と答えているようでは、円滑なコミュニケーションは図れませんね。変形ルールを覚えただけでは、このように段階を踏んでいかないと自分の言いたいことを表現できません。そこで必要なのが「変形練習」です。変形練習は、ルールを考えなくても自然と口をついて出てくるまで耳と口を慣らす練習です。会話練習をスムーズに行うためにも事前の変形練習は大切です。では、その方法を少しご紹介しましょう。

＜提出順の工夫＞

　変形に集中するために、まずは意味がわかる既習動詞で練習しましょう。

　最初はグループごとに、負担の少ない3グループから始めるのもいいでしょう。1グループは「（ア行）会います、買います → （カ行）書きます、聞きます」と順番にすると変形しやすいです。できるようになったら全部混ぜて、ランダムに練習します。

＜練習方法＞

1）クラス全体で　　　T：会います。S全員：会う。T：買います。S全員：買う。……クラス全体で言えるようになったら、個々にあてて確認し、最後は再び全体で言ってまとめます。教師は動詞をテンポよく提出できるように、慣れないうちは言わせたい動詞リストを用意しておくといいでしょう。

2）カードを使って　　ペアやグループになり、 会います のような動詞カードを配ります。1人が教師役、残りが学習者役となって変形していくので、自分のペースで練習できます。変形が初めてというクラスは 1 会います のように動詞のグループを書いておくとヒントになります。漢字が負担なうなら、読み仮名も忘れずに。

3）テープを使って　　「グループ1。会います、会う、買います、買う……」というように、変形だけを録音したテープを使います。変形のリズムを覚えるように、ひたすら聞くことに集中するのもいいですし、テープの後に続いてくり返させてもいいでしょう。クラスのレベルに合わせて、テープの速さもいくつか用意しておくと万全です。ルールを覚えるのではなく、耳からリズムで覚えたいという学習者には効果的な練習方法です。

辞書形／ない形(コミュニケーション編)

語調を変えれば意味が広がる

::::: STEP 1 :::

Q 例を参考に、次の会話を親しい友達同士の会話にしてみましょう。また、このような会話を導入する際、どういう点に気を付けなければならないでしょうか。

(例) 食べますか。→ 食べる？

A：タバコを吸いますか。　　→

B：ええ、吸います。　　　　→

::::: STEP 2 :::

Q 次の会話を親しい友達同士の会話にしてみましょう。また、このような会話を導入する際、どういう点に気を付けなければならないでしょうか。

A：よくテレビを見ますか。　→

B：いいえ、全然見ません。　→

::::: STEP 3 :::

Q 次のセリフを、イントネーションに気を付けて気持ちを込めて読んでみましょう。下線部の辞書形／ない形には、どんな気持ちが込められているでしょうか。

1.「いつまで起きている！　明日は早いから、さっさと寝る！　そこ！　おしゃべりしない！」

2.(帰ろうとしているBさんに)

A：一緒に帰る？

B：うん、帰る。

A：ねえ、ご飯でも食べていかない？

B：食べる、食べる。この前行った居酒屋、行く？

A：う〜ん、でもあそこ、遠くない？　駅前にしようよ。

確認しましょう

::::: STEP 1 :::::

　辞書形／ない形の学習は、文型の接続上必要なだけではありません。「です／ます体」から辞書形／ない形に変えることによって、より親しい人たちとの会話にすることができるのです。では、私たちがこれらの形を普段どのように会話にとり入れているか見てみましょう。

　これまで、動詞のグループ分けや変形がなく、学習者が最初に学ぶ上で負担が少ない「です／ます体」を使ってきました。言い方を変えれば「です／ます体」は大人モードの会話です。これに対し、辞書形／ない形をはじめとする基本体での会話（ここでは「友達の言葉」と呼びます）は子供モードと言えます。普段私たちは、同じ相手でも距離を置く時は対大人モード、親しくなったら対子供モードに切り替えて親疎のバランスをとっています。この使い分けを誤り、大人なのに子供モードで話し続けていると、見下しているような失礼な印象を与えてしまいます。したがって、ほとんどの教科書は「です／ます体」を定着させてから友達の言葉、そして最後に最も対人関係が複雑な敬語を学習する、という流れになっています。友達の言葉を導入する際は、誰と誰が話しているかを明確にし、より親しげに会話をしている様子を見せましょう。

　　A：タバコを吸いますか。　→ タバコ、吸う？
　　B：ええ、吸います。　　　→ うん、吸う。

　友達の言葉の質問文には、疑問を表す終助詞「か」がありません。つまり、質問も答えも「吸う」ですね。これを区別するのは会話の際のイントネーションです。質問は最後の1文字分だけ語尾を上げればいいのですが、慣れない学習者にとっては案外難しく、練習が必要です。また、助詞が省略されるのも大きな特徴です。主題の「は」や目的の「を」はよく省略されますが、それ以外は省略すると意味がわからなくなる場合もあるので注意が必要です。

　（例）A：私（ー）、りんご（ー）食べる。
　　　　B：私（も）食べる！

::::: STEP 2 :::

A：よくテレビを見ますか。 → よくテレビ、見る？
B：いいえ、全然見ません。 → ううん、全然見ない。

「ううん」のイントネーションも学習者には難しいようです。「うーん」と伸ばすだけ
では、「はい」なのか「いいえ」なのか、それとも考え込んでいるのかわかりません。
教師は少し大げさに発音をして見せましょう。また、否定の気持ちを強調しようとして、
英語の「don't」のように「見ない！」とすべて「な」にアクセントをつけてしまうこ
ともよくあるので、練習の際は気を付けて直しましょう。

::::: STEP 3 :::

〈辞書形＝肯定〉、〈ない形＝否定〉とは限りません。1では命令や禁止の意味、2で
は誘いや提案の意味を込めて使われています。「食べる、食べる」と2回繰り返して賛
同も表していますね。
　初級でこれらの意味をすべて教える必要はありませんが、語調を変えればこれだけ幅
広く使えるということを、教える側は把握しておきましょう。

能力試験必勝法!?

●●●●●●●●●●●●●●●●●●●●●●●●●●●●●●●●●●●●●

　日本語教師なら、誰でも知っている日本語能力試験。業界では「能力試験」「能試」などと呼ばれています。要は英検の日本語版であり、英検同様、進学時や就職時にその取得レベルが効力を発揮します。

　この試験、今後の己の人生に日本語を役立てるつもりで勉強している学習者にとっては、最重要課題です。特に、韓国・中国の学習者は試験文化で育ったためか、初級もままならないうちから「2級を受けたいがどのような勉強をしたらいいか」「何か良い問題集はないか」「何か秘策はないか」と迫ってきます。

　確かに能力試験にも対策はあります。例えば；

1. 『読解・文法』はページ順ではなく、Ⅳ^文→Ⅴ^法→Ⅵ→Ⅲ^読→Ⅱ^解→Ⅰの順番に問題を解いていくとよい（正解率の高い問題と、短時間で解答出来る問題を優先的に解いていくことを目的とした順序です。が、これは私が今まで指導してきた学習者に見られる傾向なので、学習スタイルが異なればこの限りではないでしょう）。

2. 文法問題では1ページあたり3程度の速度で即答を心がけ、読解問題に時間的余裕を持つように！

　といった類です。彼らにしてみれば、「もっと画期的なものを！」と言いたいところでしょうが、そんな都合のいい話はありません。では、過去問題や対策問題集をひらすら解いていけばよいのでしょうか。

　確かにそれも試験対策の一つではありますが、能力試験はあくまでも日本語の総合的な能力を測るもの。読解力は日ごろ新聞を読むことでも身につけられるし、聴解力などはテレビやラジオ、友人なら楽しみながら鍛えられます。番組内容や友人の幅を広げれば語彙の勉強にもなるでしょう。

　能力試験受験の目的は日本語を使って勉強したり、仕事をしたりすることだということを考えれば、やはり4技能をバランスよく積み上げていくことが近道なのだと気付いて欲しいものですね。私は焦る学習者にはこのように説得しています。そして、必ず最後に付け加えること。それは「継続は力なり」。

自動詞／他動詞　　うまく使いこなせるかどうかが上達へのかぎとなる

STEP 1

Q 自動詞と他動詞は、形は似ていますが使い方が違います。相手の反応を想像して、その違いを考察してみましょう。

1．（田中さんの家のホームパーティーで）
A　田中：みなさん、ケーキが焼けましたよ。
　　客　：＿＿＿＿＿＿＿＿＿＿＿＿＿＿＿＿＿＿＿。
B　田中：みなさん、ケーキを焼きましたよ。
　　客　：＿＿＿＿＿＿＿＿＿＿＿＿＿＿＿＿＿＿＿。
2．（探し物）
A　夫：ほら。見つかったよ。
　　妻：＿＿＿＿＿＿＿＿＿＿＿＿＿＿＿＿＿＿＿。
B　夫：ほら。見つけたよ。
　　妻：＿＿＿＿＿＿＿＿＿＿＿＿＿＿＿＿＿＿＿。

STEP 2

Q 学習者は1よりも2のほうが難しいと言います。それはどうしてでしょうか。理由を考えてみましょう。

1．電車が駅に着いたのに、ドアが開きません。
2．さっきから開けようとしているんですが、ドアが開きません。

STEP 3

Q ボールを使って、自動詞／他動詞を導入してみましょう。

ボールを落とす／ボールが落ちる

確認しましょう

::::: STEP 1 ::

１－Ａ「焼けました」→「わあ、おいしそう！」
　　Ｂ「焼きました」→「ありがとう！」
２－Ａ「見つかったよ」→「うそ!? 　どこにあった？」
　　Ｂ「見つけたよ」→「え!? 　ありがとう！」

１も２も、自動詞を使った場合（Ａ）、トピックであるモノ（ケーキ、探し物）それ自体に視点が置かれていることがわかります。一方、他動詞の場合（Ｂ）、まっすぐ相手に視点が向けられています。だからこそ、その人に対する感謝の言葉が出るわけです。とすると、他動詞を使ったほうがよさそうですが、実際はむしろその逆です。日本では、感謝を強要するような言語行動は好まれないのが普通なのです。

::::: STEP 2 ::

　学習者が、２のほうが難しいと感じるのは「私が開けよう」としているのに、「（私は）ドアを開けられない」と言わずに「ドアが開かない」と、ドアに視点を移す理由がわからないからです。ドアが開かないのは、私の能力の問題ではなく、ドアに問題を感じたという意味合いが含まれます。しかし、学習者は人から物へ視点が移る理由がわからないと混乱するのです。ですから、導入の際は、話し手（主語）に注目させたり、モノに注目させたりするなどの視点の移動と同時に、「ドアが変です！」などというパフォーマンスも必要です。

　さて、日本語の自動詞と他動詞は、英語や中国語[1]と違って、単語が対になっているという点がさらにややこしいと感じさせる原因になっています。しかも「開く－開ける」「落ちる－落とす」のように語幹だけ共通で、変化に一貫性がないために、英語の動詞の不規則変化同様、「覚えるしかない！」わけです。

　そこで、われわれ教師としては、まずは記憶の助けとなるよう、できるだけ印象深い場面を導入時に採用したり、動作や状況とセットで覚えてもらうなどの工夫をこらします。また、使おうというモチベーションを刺激するため、日々の授業の中で意味やコミュニケーション上の効果の違いを繰り返し説明するなど、あの手この手の働きかけをしていくことも忘れてはなりません。

---

[1] 英語では同じopenという動詞を「The door opens」と自動詞で、「He opens the door」と他動詞で使います。中国語も同様です。韓国語は日本語と同様に、単語が対になっています。

∴∴ STEP 3 ●●●●●●●●●●●●●●●●●●●●●●●●●●●●●●

下は授業例です。

> T　：<u>私を見てください</u>（注目させる）。<u>私はボールを</u>……（ボールを落とす）
> S　：……ボール<u>を落とし</u>ました。
> T　：そうですね。私はボールを落としました。じゃ、今度は……（ボールを机
> 　　　の上に置いて）……<u>ボールを見てください</u>（注目させる）。<u>ボールが！</u>
> 　　　<u>ボールが!!</u>（大げさに）……
> T／S：ボールが<u>落ちました</u>。

　教師だけがいろいろして見せるのではなく、学習者にも同様にやってみてもらうと印
象に残りやすくなります。ボールを指差してみたり、「ボールが！　大変！」と叫んで
みたり。学習者のほうが教師よりずっと上手にパフォーマンスを見せてくれますよ。

クラスがパニックになった時

●●●

　日本語教師養成講座の授業内容は教え方中心のものがほとんどです。しかし、教え方が素晴らしくても、授業がうまくいかないことがあります。順調に進んでいた授業が一瞬にしてぶちこわしになってしまうこともあります。教室の中では日々さまざまなハプニングが起こるのです。

　以前オーストラリアの小学生相手に教えていた友人が、開始早々クラス全員に号泣されたことがあったそうです。理由は教師のレザーパンツでした。「先生が動物を殺した～！」と一斉に泣き出す小学生クラス。慌てて「これはフェイクだから……」と説明すると今度は「先生はうそつきだ～！」と、更に悪化。結局その日は授業にならなかったとか。

　クラスパニックの種は学習者の感情の激化です。一度感情が激化すると、元に戻るまでには時間がかかります。無理に戻そうとすればするほど、パニックに拍車をかける恐れもあります。

　では、どう対処したらよいのでしょうか。解決マニュアルはありませんが、私個人の意見としては、教案や授業計画はちょっと忘れて、彼らの問題について話し合ってみることをおすすめします。

　教師の司会で、意見や発言は学習者の自主性にゆだねてみてください。パニックの最中には断片的にしか見えなかった原因や彼らの感情が、はっきりしてきます。全員が状況を把握し納得のいく解決策が見つかれば、パニックは静まり、そもそもの原因も取り除かれるのではないでしょうか。

　この時に気を付けたいのが、教師の役割です。あくまで司会に徹しましょう。学習者が子供でも大人でも、教師の言葉は強制執行です。時には強制力が必要なケースもありますが、私たち教師はできるだけ学習者が自主的に解決できるよう考えましょう。そのためには日ごろの授業で、どれだけ信頼関係を築いてきたかが問題になります。

　みなさんのクラスはいかがですか。一呼吸して見直してみましょう。

授受表現　　使い分けて日本語の面白さを知ろう

STEP 1

Q−1　導入でジェスチャーを使う場合、「あげます」は何かを相手に差し出す動作、「もらいます」は相手から受け取ってくる動作をします。では、「くれます」はどんなジェスチャーをしますか。実際にやってみてください。

Q−2　「その花、どうしたんですか」「彼女が私の妹に<u>あげた</u>んです」
　　下線部の「あげた」は、正しくは「くれた」ですね。この間違いをどうやって説明しますか。

STEP 2

Q−1　授受は物に限りません。「道を教えてくれた」のように、行為の授受も表現できます。すると学習者からこんな意見が出ました。あなたはどう対応しますか。

「『～てくれる』なんてつけなくても、『道を教えた』と言えばいいじゃないですか。そのほうが文法もやさしくて使いやすいです」

Q−2　次の（　　　）の中に助詞を1つ入れてください。助詞が違うのはどうしてでしょうか。

1．彼は私（　　　　　　）英語を教えてくれました。
2．彼は私（　　　　　　）かばんを持ってくれました。
3．彼は私（　　　　　　）助けてくれました。

STEP 3

授受表現を応用すれば、「～てくれませんか」「～てもらえませんか」という丁寧な依頼の表現になります。
「田中さん、その塩をとってくれませんか／とってもらえませんか」

Q　なぜ「もらいませんか」ではなく「もら<u>え</u>ませんか」となるのでしょうか。また、「～てくれませんか」「～てもらえませんか」は全く同じ意味だといえますか。

確認しましょう

::::: STEP 1 ::

　授受表現は、立場によって「あげる」「もらう」「くれる」を使い分けなければならないという難しさがあります。言葉や文で説明するより、実際に動いてみましょう。

　まず、Q−1の「くれる」について考えてみます。この「くれる」というジェスチャーを1人でやるのは難しいですね。「あげる」と同様に差し出す側が主語ですが、この場合は他者が話し手側に差し出す行為で、動作をするのは「他者」、つまりあなた以外になるわけですから。さらに〈話し手側＝私〉とは限りません。例の「弟」や「うちの部署」でもいいのです。

（例）隣のおばさんが弟にお菓子をくれた。
　　　セールスマンがうちの部署にサンプルをくれた。

　〈他者＝ソトの関係の人物〉が〈話し手側＝ウチの関係の人物〉に差し出すのが「くれる」です。Q−2の「私の妹」はウチの人間ですから、「あげる」では不適切ですね。

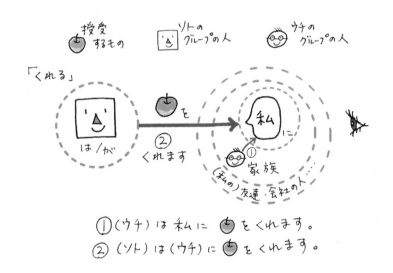

　学習者に導入する時は、「あげる」「もらう」→①「(他者が) 私にくれる」→②「(他者が) 私のグループにくれる」という順で段階を追うといいでしょう。

∷∷ STEP 2 ∷∷∷∷∷∷∷∷∷∷∷∷∷∷∷∷∷∷∷∷∷∷∷∷∷∷∷∷∷∷∷

　例えば、「道を教えました」「彼は掃除をしません」というこれまでの表現にこうした授受表現を加えることによって、自分の感謝（例：道を教えてもらいました）や不満（例：掃除をしてくれないんです）を伝えることができます。

　また、使い方を誤ると、横柄な態度を表す（例：私が彼に教えてあげます）危険もあります。「～てあげる」などは特に注意が必要です。

　Q－1のような学習者には、これは単なる行為だけではなく、親切な気持ちの授受も伝える便利な表現であり、この表現を使えばもっと日本語らしい日本語になるということを伝えていきましょう。

（例）　Ｔ：うーん、私は韓国語が読めません。キムさん、これは日本語で何という
　　　　　　　意味ですか。

　　　　キム：（書いてある言葉を説明する）

　　　　Ｔ：わかりました。ありがとうございます。キムさんは親切な人ですね。キ
　　　　　　　ムさんは何をしましたか。

　　　　Ｓ：韓国語を教えました。

　　　　Ｔ：そうですね。そして私はキムさんに親切をもらいました。私はキムさん
　　　　　　　に韓国語を教えてもらいました。

（同様に「てあげる」「てくれる」も導入する）

　Q－2のように、「～てくれる」「～てあげる」は助詞が変わるので注意が必要です。

　1．〈ＡはＢに＋名詞＋を～〉は一番多い例で、（名詞）と親切な気持ちがその行為によって一緒に受け手に移ります。

　2．〈ＡはＢの＋名詞＋を～〉は「Ｂの荷物を持つ／宿題を見る／車を直す」など、（名詞）はもともとＢ側にある、Ｂの所有物である場合です。

　3．「ＡはＢを～」は行為が直接受け手にかかる場合で「助ける／手伝う／迎える／送る」などもともと「（人）が（人）を」という形をとる動詞がこの形になります。

授受表現

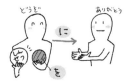  

　助詞が変わるので学習者は混乱しがちですが、絵のように動いてみれば決して難しいことではありません。1つずつ丁寧に導入しましょう。

∷∷ STEP 3 ∷∷∷∷∷∷∷∷∷∷∷∷∷∷∷∷∷∷∷∷∷∷∷∷∷∷∷∷∷∷∷∷

　STEP1で見た通り、「くれる」は行為をした人物、「もらう」はそれを受けた人物が主語です。したがって「田中さん、塩をとってくれませんか／もらえませんか」という文は、次のように考えられます。

　同じ依頼の表現ですが、

　1．「田中さん、その塩をとってくれませんか」

　　　　　……田中さんは私に塩をとってくれるかどうか。

これは相手にその動作をするかどうかを聞いています。

　2．「田中さん、その塩をとってもらえませんか」

　　　　　……私は田中さんに塩をとってもらうことが可能かどうか。

これは相手を配慮した上で自分ができるかどうか聞いています。

　どちらかというと2のほうが丁寧な印象を受けるでしょう。さらに待遇表現を学習すると、1は「〜てくださいませんか」、2は「〜ていただけませんか」となります。

～そう／らしい

聞いたことを伝える。そのまま？　それとも……

:::: STEP 1 ::

Q 次のコミュニケーショントラブルはどうして起きたのでしょうか。

田中：ねえ、山田さん、結婚する<u>らしい</u>ですよ。

キム：本当？　知らなかった。

　―翌日―

キム：山田さん、結婚する<u>そう</u>ですね。おめでとう！

山田：え？　誰から聞いたの？　まだちゃんと決まってないよ。

:::: STEP 2 ::

Q 次のキムさんの発話は山田さんに誤解を与えてしまいました。キムさんが本当に言おうとしたことは何でしょうか。

キム：山田さんの時計、すてきですね。とても高いそうですね！

山田：え？　誰から値段を聞いたの？

キム：値段はわからないけど……。見てわかります。高いそうですね。

山田：……？

:::: STEP 3 ::

Q－1　あなたは山田さんが愚痴を言っているのを聞いてしまいました。

山田 ：あ～、こんな会社辞めてやる！

それを聞いたあなたは、同僚に山田さんの様子をどのように伝えるでしょう。

あなた：山田さんが_____。

Q－2　今朝の新聞記事です。

『昨日午後10時ごろ、新宿3丁目の宝石店で強盗事件が発生。1億円相当の装飾品が盗まれ、店は大損害を被った』

会社の同僚に、あなたならこの事実をどう伝えますか。

確認しましょう

⋮⋮⋮ STEP 1

　【～そう】も【～らしい】も、ほかからの情報を人に伝える伝聞表現です。しかし両者にはそれぞれ異なった点があり、状況に応じて私たちは日常生活で自然と使い分けています。

　この会話では、「山田さんが来月結婚するらしいですよ」と聞いた情報を、本人である山田さんに「来月結婚するそうですね」と伝えたところ、トラブルが起きてしまいました。これはどうしてでしょうか。

　「結婚するらしい」は、間接的に得た情報をもとに、状況を推測して伝える時使う表現です。話し手が「らしい」を使う場合は、あくまで「うわさ」以上の根拠を持たない情報であることをアピールしているといえます。裏返せば「真実に責任はもたないよ」というスタンスなのです。それに対して「結婚するそうです」は同じ伝達でもより信頼できるソース（例えば本人）の情報に推測を加えず、そのまま伝達する場合に使います。つまり情報の確実性としては【～そう】のほうが【～らしい】より高いのです。したがって、ここでは「山田さんは結婚するらしいです」と推測のもとに言ったことをキムさんが「山田さんは結婚するそうですね」と信頼できる確実な情報として伝えてしまったため、コミュニケーションのトラブルが起こってしまったのです。

⋮⋮⋮ STEP 2

　【～そう】には「自分が聞いた情報を伝える―伝聞」の用法のほかに、「自分が見て感じた様子を言う―様態」の用法もあります。この２つの【～そう】は意味が異なるだけでなく、前の言葉との接続も異なるので注意しましょう。

　ところで、学習者は２つの意味の違いを理解していても、つい言い間違えてしまうことがあります。特に初級では長音（伸ばす音）の発音がまだあいまいなことが多いので、この２つの発音を言い分けるのが難しいのです。長音があいまいだと意味まで異なってしまうということを学習者に説明し、日本語の拍の感覚をここでしっかりと身につけてもらいましょう。例えば、手拍子をしながら、「お」「い」「し」「そ」「う」（５拍）と「お」「い」「し」「い」「そ」「う」（６拍）と言って、拍の違いを認識させながら、発音の練習をするのも効果的です。

::::: STEP 3 :::::

　【～そうです】も「～と言っていました」も情報を人に伝える時に使えます。両方とも共通する用法はありますが、ここではそれぞれの特徴的な使い方について考えてみましょう。まず、「～と言っていました」は、人が言ったままのセリフを別の人に伝える時の表現です。

　あなたは山田さんが「あ～、こんな会社辞めてやる！」と怒った口調で言うのを聞き、その様子を同僚に伝える時どのように言うでしょうか。「山田さんが『こんな会社辞めてやる！』と言っていたよ」と言うでしょう。山田さんのセリフをそのまま引用することで、感情的になっている山田さんの様子を聞き手にもはっきりと伝えられるのです。この場合、「辞めるそうだ」も「辞めるらしい」も使いません。「山田さんは会社を辞めたいそうですよ」といっても、山田さんの怒っている様子は伝わってこないからです。このように、言い方の特徴を相手に伝えたい時には、セリフを活き活きと伝えられる「～と言っていました」を使うのです。

　一方【～そう】で伝える情報は、聞いたことに限らず見たことや読んだことでも構いません。例えば、今朝の新聞でQ－2のような記事を読んだとします。そしてその情報を会社の同僚に伝える時は「ねえ、知ってる？　昨日新宿の宝石店で強盗事件があったそうですよ」と【～そうです】を使ってまとめて伝えるはずです。このように【～そう】は人が言っていたことや雑誌や新聞やニュースなどで自分が得た「情報」を要約して人に報告することができます。

　さて、【～そう】と【～らしい】の用法について述べてきましたが、この2つの表現は非常に似通った意味をもつ文型なので、学習者にとっては違いが理解しづらいようです。また【～そう】には接続の違いで2つの意味があるので、教える時に注意が必要です。必要であれば図を提示しながらそれぞれの違いを説明すると、比較的理解の助けになるでしょう。学習者がそれぞれの文型の違いを正しく理解するには、どんな場面で、どんな状況で、どんな気持ちの時に使う表現なのかを丁寧に説明する必要があります。

世界の日本語教室から　〜アルゼンチン編〜

●●●●●●●●●●●●●●●●●●●●●●●●●●●●●●●●●●●●●

　2000年1月から約1年半、ブエノス・アイレス郊外の日系移住地の日本語学校に政府系組織のシニア・ボランティアとして赴任していました。着任早々、同校の日本人校長が毎晩「スペイン語学校」に通っていると聞き、さすが気骨ある一世女性教師！　向学心のある方だと感心しました。もちろん、このとき私は「スペイン語学校」とは、いわゆる第二言語としてのスペイン語の学校とばかり思っていたのです。翌日、校長先生に初めて会って、早速「先生はスペイン語を習いに行ってらっしゃるのですか」と質問したところ、けげんな表情で「いいえ」という答えが返ってきました。あれ？　変だなと思っていろいろ事情を伺うと、こちらでは「日本語学校」といえば日系人会がやっている継承語としての日本語を教える学校のこと、それに対して「スペイン語学校」とは、アルゼンチンの公教育の小・中学校のことなのだそうです。校長先生は子供が独立して暇ができたので、また勉強でもしてみるかと夜間中学に行き始めたとのこと。アルゼンチンの勤労青年に混じって、レポートももちろんスペイン語で書いていると聞き、ますます感心してしまいました。

　ところで、アルゼンチンの日系社会には、この「スペイン語学校」だけでなく、いろいろな面白い「日本語」があります。「汽車で○○へ行く」「ガイジン」「ここから3丁のところ」「無尽」などなど。日本ではたぶん誤解されるだろうというものもあるし、ちょっと昔の日本語もあります。とにかく、こんな言葉が活き活きと使われているのを知ってびっくりしました。アルゼンチンだけではなく、移住地にはよく特有の日本語があって、それを「コロニア日本語」と呼び、ボランティア達は半分笑いの種にしたり非難したりします。私もその一人でした。しかし、よくよく考えると、これは社会言語学的にとても興味深い貴重な現象なのです。それに気付いて、今、大変反省しています。

存在文   微妙な違いをマスターしよう

::::: STEP 1 :::

Q 空欄に言葉を入れましょう。

1.（　　　　　）は＜　　　　　＞にあります。
2.（　　　　　）は＜　　　　　＞にいます。
3.（　　　　　）は＜　　　　　＞であります。

::::: STEP 2 :::

Q−1　娘1、2に対し、A、Bどちらで答えますか。

娘1：ああ、お腹がすいた。食べる物ない？
娘2：あれ？　私のアイスがない！
A　アイスが冷蔵庫にありますよ。
B　アイスは冷蔵庫にありますよ。

Q−2　AとBの答えの違いは、「が」「は」の助詞の違いだけです。学習者にとってこの助詞の違いはわかりにくく、混乱しやすいポイントです。あなたなら、A、Bの違いをどうやって説明しますか。

::::: STEP 3 :::

Q 存在文を教える際に気を付けなければならないのは、疑問詞の選択です。同じ存在文といっても、知りたい物事によって質問文も変わります。例えば、次の答えに対する質問はどんな文になるか考えてみましょう。

1.　Q：＿＿＿＿＿＿＿＿＿＿＿＿＿＿＿＿＿＿＿＿＿＿。　A：本があります。
2.　Q：＿＿＿＿＿＿＿＿＿＿＿＿＿＿＿＿＿＿＿＿＿＿。　A：田中さんがいます。
3.　Q：＿＿＿＿＿＿＿＿＿＿＿＿＿＿＿＿＿＿＿＿＿＿。　A：犬がいます。
4.　Q：＿＿＿＿＿＿＿＿＿＿＿＿＿＿＿＿＿＿＿＿＿＿。　A：机の上にあります。

確認しましょう

::::: STEP 1 ::

　1～3とも＜　　＞には「日本」「公園」など場所の言葉や、「机の上」「駅の前」など位置の言葉が入ります。一方、（　　）は全部違うはずです。1には「コンビニ」「ペン」など物の名称が入るのに対し、2には「本田さん」「魚」など生物が入ります。「彼女には子供がある」というように家族などに「ある」を使うこともできますが、初級では生きているものには「いる」、そうでないものには「ある」という分け方をするのが一般的です。自分が生き物のように感じていれば「私の家にはキティちゃん（ぬいぐるみ）がいます」と使うこともできます。「いる」「ある」の区別がない外国語も多いので学習者は「彼はここにあります」という間違いをします。T「ペンが？」 S「あります」、T「学生が？」 S「います」、というように、「ある」と「いる」を使い分ける練習が必要です。

　3には「コンサート」「試験」などの行為が入ります。この場合＜　　＞の後の助詞は存在を表す「に」ではなく、動作を表す「で」になるのです（「彼女は美人である」は「ある」という動詞ではなく「である」という助動詞なので、ここではとりあげません）。

::::: STEP 2 ::

　「食べる物ない？」と聞かれれば「アイスがある」と答えます。何があるか、その物が問題なのです。

　一方、「アイス、アイス……」と探している人に「アイスがそこにあるよ」とは言わないでしょう。この場合問題なのはアイスではなく、アイスの場所です。助詞ひとつで焦点の違いが表せるわけです。

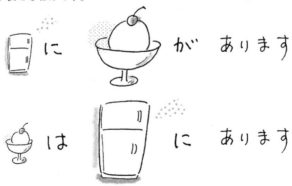

　焦点が違うわけですから、使う状況も異なります。例えば、左ページの絵において、前者の文は助数詞と合わせて「私の家に犬が<u>3匹</u>います。そして、大きい犬小屋が<u>3つ</u>あります」というように自分の家に何があるか、誰がいるか説明する時などに使えます。一方、後者の文は位置の言葉と合わせて「郵便局は駅の<u>となりに</u>ありますよ」というように道案内の会話が作れるでしょう。

::::: **STEP 3** ::

1. Q：机の<u>上</u>に何がありますか。　　A：本があります。
2. Q：部屋に<u>誰</u>がいますか。　　　　A：田中さんがいます。
3. Q：部屋に<u>何</u>がいますか。　　　　A：犬がいます。
4. Q：本はどこにありますか。　　　　A：机の上にあります。

　存在文の難しさは「ある」と「いる」の違いだけではありません。同じ「いる」の文でも動物の存在が知りたければ「何がいますか」となり、人間の存在が知りたければ「誰がいますか」となります。「ある」と「いる」の区別がつくようになったら、1〜3をひとつずつ導入しましょう。また、同じ部屋に人と物と動物のカードを一枚ずつはり、質問に合わせて答えられるか練習し、定着をはかりましょう。

(例) T：部屋に誰がいますか。
　　 S：男の人がいます。
　　 T：何がいますか。
　　 S：時計がいます。
　　 T：何がいますか、ですよ。
　　 S：あ、犬がいます。
　　 T：そうですね。じゃあ、何がありますか。
　　 S：時計があります。

　また、存在する場所が知りたければ4「(本は)どこにありますか(いますか)」となります。これはSTEP2で述べたように「は」と「が」の違いも出てきますので、時間を分けるなどして、ほかの3つと大きく区切って練習したほうが混乱は避けられるでしょう。

世界の日本語教室から　～アメリカ編～

●●●●●●●●●●●●●●●●●●●●●●●●●●●●●●●●●●●●

「先生、母が遅く起きましたから、私は学校に遅く来ました」

（また、言い訳ね。「すみません」が始めに言えないの!?）

「先生、私の成績Bの意味を詳しく教えてください」

（いろいろと総合してBなんだから、先生の評価を信じてよ！）

　こんな日常から始まったカリフォルニアでの日本語教育。勤めていた高校で、日本語教師は私一人。他言語の先生達が話し合いをしているのをうらやましいと思いながら、黙々と仕事に追われる日々でした。

　謝る前に、遅れた理由をたらたら言えば言い訳に聞こえる日本文化ですが、アメリカではなぜそうなったかという理由をはっきり言わなければなりません。成績の付け方は、日本人のように「先生がつけたから」と妥協しないことが多いため、教師自身が詳しく説明できるようにしておかなければなりません。そんな文化の違いにも慣れてきたころ、9月11日のテロ事件が起きました。

　恐怖に脅えた学生、机に伏して泣いている学生。私自身も貿易センターが崩れる映像でパニックを受けていたうえに、「テロの話しをするべき？　それとも、何もなかったように普通に授業をするべき？」などと頭の中は、真っ白になっていました。結局、特に事件のことには触れず、普段の授業を行いました。学生の抱いた恐怖にどう対応したらいいかわからず、何もできない自分を無力と感じた初めての経験でした。

　その後、東京の姉妹校から、日本人学生の励ましの手紙と千羽鶴が送られて来たのをきっかけに、私の学生も全員で千羽鶴を作ることにしました。毎日、授業の始めに少しずつ折り、完成後は日本人が作った千羽鶴の横に吊り、誰からでも見られるように飾りました。ほかの授業では、日々テロに対する講義が行われていました。けれど、みんなで黙々と鶴を折ったあの時間は、ピリピリした学生の心を少しでも穏やかな気持ちにしてくれた、貴重な一時だったのではないかと思っています。

〜たい／たがる　　わかりやすいけれど正しく使うのが難しい言葉

:::::: STEP 1 ::

Ⓠ 次の１、２はどちらも、はっきりと気持ちが表現されています。しかし、実際に
このように言われると、非常に強い違和感（どころか不快感）を覚えるはずです。
この場合どのように訂正したらいいでしょうか。

　１．Ｓ：先生、私たちと食事に行き<u>たいですか</u>。
　２．Ｔ：クッキー、どうぞ。
　　　Ｓ：ありがとうございます。でも、私はクッキーを<u>食べたくありません</u>。

:::::: STEP 2 :::

Ⓠ 主語が私の場合は【〜たい】、第三者の場合は【〜たがる】というルールで、次の
文を完成させてみましょう。助詞と語尾に注意してください。

　１．私は寿司（　　　　　）＿＿＿＿＿＿＿＿＿。
　２．彼女は寿司（　　　　　）＿＿＿＿＿＿＿＿＿。

:::::: STEP 3 :::

Ⓠ 次の下線部の違いは何でしょうか。また、「〜さんは、行きたがっています」とい
う文に、どのような印象を持つか考えてみましょう。

（先生を招待しようと話し合っている学習者）
アリ：夕食は、どこへ行きましょうか。
リン：銀座に<u>行ってみたいです</u>。
キム：ええ、でも、先生は新宿に<u>行きたがっていました</u>よ。

確認しましょう

∷∷ STEP 1

　英語圏の学習者は、1のような文を作りがちです。本人は「Would you like to〜?」のつもりなのですが、相手の欲求を直接表現しているので失礼に聞こえます。同様に、友達に「行きたい?」と聞けても、先生など敬意を表すべき人やあまり親しくない人に対しては不適切です。この場合、「先生、私達と食事に行きませんか（ご一緒にいかがですか）」のように直し、招待の仕方を練習しましょう。また、2の「〜たくありません」は勧めてくれた人に対して言うには直接的すぎるため、あまり親しくない日本人の場合傷付いてしまうかもしれません。この場合も、丁寧な断り方の練習をしてみましょう。

∷∷ STEP 2

　【〜たい】は、助詞「を」「が」両方使えると指導する場合と、「を」が「が」に変化すると指導する場合があります。両者の違いは、聞かれ方によって使い分けるという説明程度でよいでしょう（何が飲みたいですか→ジュースが飲みたいです／どんな本を読みたいですか→日本語の本を読みたいです）。【〜たがる】は、【〜たい】の心情とは違い、その様子がさらに言動に表れている能動的な状態を表すので、助詞は「を」という目的格をとります。導入に複雑な説明は不要ですが、会話文を工夫して練習しましょう。

　（例：デパートの地下で、親しい友人の林さんの家への手土産を買う）

田中：何にしようか。何か甘いものが食べたい（心情の形容）ね。

佐藤：この間、彼女チョコを食べたがっていた（状態）けど、チョコケーキなんかどう?

∷∷ STEP 3

　リンさんの文の主語は「私」ですが、キムさんのほうは第三者である「先生」です。文法的には正しいのに、これでは先生がその場にいなくても失礼な印象を周囲に与えます。この場合「先生は新宿がいいみたいよ」のほうが、直接的でなく「まし」です。【〜たがる】は、欲求をストレートに表現するため、率直な表現が許容される友人や身内などには使えても、第三者への使用は敬意が下がるだけでなく、自分が優位に立っている印象すら与えてしまいます。日本語の教科書ではよく「〜がる」は第三者に使う、という点を中心に扱われているようですが、要は教師に実際の使用にあたっての考察があれば、学習者がこのような副作用を知らずに乱用することは防げるはずです。

～たところ／たばかり

まだ間もないことを言いたい

:::::: STEP 1 :::

Q 次の2つの文を比べてみてください。それぞれ帰国してから、どのくらい時間が
たっていると思いますか。また、今どこで話していると思いますか。

1．ハワイから帰国したところです。

2．ハワイから帰国したばかりです。

:::::: STEP 2 :::

Q-1　3つの意味の違いを説明してください。

1．今、食事を<u>する</u>ところです。

2．今、食事を<u>している</u>ところです。

3．今、食事を<u>した</u>ところです。

Q-2　次の質問に対する答えはどちらのほうが自然だと思いますか。

Q：食事まだ？

A：今、（作っています／作っているところです）。

:::::: STEP 3 :::

Q 次の文の中でSTEP2の「ところ」と同じ使い方のものはどれでしょうか。

A　この喫茶店は私たちが初めて会った<u>ところ</u>です。

B　電話したら、部長はちょっと前に出かけた<u>ところ</u>だった。

C　いくら頼んだ<u>ところ</u>で、あの人はお金を貸してくれないよ。

D　友達の家を訪ねた<u>ところ</u>、あいにく留守だった。

確認しましょう

:::: STEP 1 :::

　1は飛行機が成田に到着した直後で、「今、ハワイから帰国したところです」と成田空港から家族に電話で無事帰国の報告をしているという場面が考えられます。2は帰国してから2、3日経っているかもしれませんが、職場で同僚から「海外旅行へ行ってたんだよね。いつ帰国したんですか」と聞かれ、「おとといハワイから帰国したばかりです」と答える場面が考えられます。

　【〜たところ】も【〜たばかり】もある物事が終わってから、まだ時間が経っていないという共通の意味があります。ですから、授業で扱う前にぜひこの2つの違いをはっきりとさせておきましょう。たとえば3ヶ月前に結婚した人が「いつ結婚したの？」と聞かれたら、「3ヶ月前です。まだ、結婚したばかりなんです」とは言えますが、「3ヶ月前に結婚したところです」とは言えません。なぜなら【〜たところ】は時間の幅が「絶対的」であり、今まさにある行動の直後であるということを伝えたい時にしか使えないからです。それに対して【〜たばかり】は、時間の幅が人それぞれであって「相対的」だといえます。つまり、動作の直後でも、直後でなくても話し手の主観的な気持ちとして、『まだ時間があまり経っていない』と感じられるなら使えるのです。たとえ、3ヶ月前に結婚したとしても「結婚したばかり」と言えるのはそのためです。

:::: STEP 2 :::

　「〜ところ」を教える時には1〜3の3つを同時に導入して違いを認識させる必要があります。直後を表す【〜たところ】のほかに「〜るところ」は何かをする直前、「〜ているところ」は何かをしている最中、そして【〜たところ】は直後の意味です。食べる直前の絵、食べている最中の絵、食べ終わった直後の絵などを使って、時間的、段階的な差があることを理解させましょう。具体的な練習方法として、ひとつ例を挙げてみます。電話で話す状況を想定し、ペアで会話をします。「もしもし、今ちょっといい？」「あ、ごめん。今出かけるところなんです/食事をしているところなんです/旅行から帰ってきたところなんです」（だからまた後で電話します）のように自分の状況を説明するのは実生活に結びついた効果的な練習法です。

　また、Q−2「〜ているところ」については、「作っています」と言えばいいのに、なぜ「作っているところです」を使う必要があるのか、という質問をよく学習者から受けます。英語ではこの2つは直訳すると両方とも「I am just making」となり、違いが

みられません。ですから、この質問に対しては「〜ています」と「〜ているところ」が
どんな場面で使われているのかということを理解させる必要があります。

　例えば、部長に「会議のコピーはまだ？」とせかされた時、「今しているところです」
と答えますね。また子供が「おなかがすいた。ご飯早くして」と言った場合には、母は
「ちょっと待って。今作っているところよ」と答えるでしょう。「今、コピーをしている
ところです」（だから終わり次第、持って行きます）、「今ご飯を作っているところよ」
（だからもう少し待って）というように、言葉には出てきませんが、（　　　）部分のよ
うな、話し手が相手に伝えたいメッセージが含まれていることに注意してください。こ
のように言葉の裏に隠されたメッセージがあることも授業で扱い、学習者に伝えなけれ
ばなりません。

　また「〜ところ」を使うことによって臨場感や場面がまざまざと伝わり、その結果、
今まさにどんな段階であるかが相手に強く印象付けられるということも触れておくべき
でしょう。一方、「〜ています」は「今田中さんは何をしていますか」と聞かれ「晩ご
飯を作っていますよ」と答えるように、単に「動作の継続」を表す表現だということが
できます。

∷∷ STEP 3 ∷∷

　「ところ」にはいろいろな意味があります。まず初級の段階で一番初めに学習するの
は「場所」の意味を表す「ところ」です。Aの「ところ」は場所を表していますね。B
の「出かけたところ」の「ところ」は、「場所」の意味ではなく「動作の段階」を表し
ていて、「出かけた直後」の意味です。この違いをしっかりと学習者に教えることが大
切です。この違いを理解していない学習者は「『今から食事をするところです』？　レ
ストランですか？　『ところ』は場所の意味じゃありませんか」などと混乱することが
あります。中級になるとCやDのようにいろいろな意味を表す「ところ」を学習します。
この２つの文型に関しては『機能語指導編』（「〜たところ」P.87、「〜ところ」P.137）
を参照してください。

世界の日本語教室から　〜中国編〜

●●●●●●●●●●●●●●●●●●●●●●●●●●●●●●●●●●

　私は中国の遼寧省にある大学で教えています。大学卒業後すぐに着任したので学生と年がほとんど変わらず、和気あいあいと過ごしています。

　中国の学校では、映像（日本のドラマ、映画、アニメなど）を授業で使うことは日本ほど自由ではありません。〈映像＝娯楽〉と捉える考えが強いようです。けれど、私の学校では比較的歓迎されており設備も整っています。私は学生の希望もあり『ドラえもん』を使って授業をしようと計画しました（中国の学生は日本のアニメが大好き！）。しかし、簡単にビデオを使った授業ができると思ったら大間違いでした。

　まずは知り合いの日本人教師からビデオを借りることから始まります。そして、視聴覚教室を利用するため、１週間前に事務室に予約の電話を入れ、前日にも念のため電話しました。それにもかかわらず、当日行ってみると「朝ビデオデッキが壊れて使えない。デッキを修理する予定はない。DVDかVCD（ビデオCD）を使ってくれ」と言われ直前のキャンセル。学生も私もショック！

　仕方なくDVDやVCDの海賊版（盗版／ダオバン）を売っている闇市場に探しに行ったのですが、希望の『ドラえもん』は見つからず、ほかのアニメを買いました。ところが家で見てみると、なんと中身はすべて意味不明なアメリカ軍隊の写真ばかり……CD６枚すべてです!!

　しかし、そんなことぐらいでくじけてはいられません。私はあきらめきれず、さらに方法を探しました。すると、ビデオをVCDにコピーする店があるという情報を得、無事VCD作成できたのです。これで初回映像授業は何とか成功。長い道のりでした。

　しかしその後も、ほかの先生の授業と鉢合わせ、停電で機材が使えないなど、予想もしない問題が連発。これらの経験から、私は映像教材を使う時は必ず予備の教案を準備し、何も起こらないことを祈りながら、視聴覚教室に向かいます。

　おそらく、中国で教えている方は似たような奮闘を少なからず経験されているのではないかと思います。このような経験を通して人間たくましく、いや、図々しくなるのでしょうか……。

～たほうがいい

どんな時に使うアドバイス？

::::: STEP 1 :::

Q 次の会話中、Bさんの発言について、どちらが適当な表現でしょうか。

A：コンピューターって全然わからないんだよね。

B：このマニュアルを（見るといいよ／見たほうがいいよ）。

A：えー難しそう。マニュアルなんて見たくないよ。

B：いやー、（見るといいって／見たほうがいいって）。

::::: STEP 2 :::

Q 次の2つの文はどんな状況で使うでしょうか。

1．手紙はパソコンより手で書くほうがいい。

2．手紙はパソコンより手で書いたほうがいい。

::::: STEP 3 :::

Q Aさんの発言を受けて、【～ほうがいい】の文型を使って、アドバイスを3つ考え
て言ってみましょう。

　A　：最近、どうも体の調子がよくないんだよね。

あなた：＿＿＿＿＿＿＿＿＿＿＿＿＿＿＿＿＿＿＿＿＿＿。

（例）ちょっと仕事を減らしたほうがいいですよ。

確認しましょう

::::: STEP 1 ::

　初級ではアドバイスの表現として【〜たほうがいいです】を学習します。しかし学習者は次第に「〜といいです」という表現を知り、この違いについて質問してきます。Bさんの発言は、前者は「見る<u>と</u>いいよ」、後者は「見<u>たほうがいい</u>って」が適当です。「〜といい」は、相手が全然アイデアを持たず、どうしたらいいかわからない時に使う表現です。一方【〜たほうがいい】は、例えばマニュアルや専門書を読む、友達に聞くなど、<u>選択肢の中から</u>いいと思うものを選んでアドバイスする表現です。「〜といい」はよい案がない時の表現なので喜ばれるでしょうが、【〜たほうがいい】はすでに選択肢がある中でのアドバイスなので、時におせっかいに聞こえるかもしれません。

::::: STEP 2 ::

　1は、「ワープロと手書きとどちらがいいか」というトピックに、自分の好みを述べている状況、あるいは、<u>一般論</u>として答えています。つまり、目の前に強く勧める相手を想定している文ではありません。それに対して、2はワープロの手紙を持ってきた友人に「ワープロより、手書きがいい」と<u>明確にアドバイス</u>をしているようです。そこで実際に教える時には、この違いを示すために教室での練習も工夫が必要です。例えば1の練習の時には「日本では〜、アメリカでは〜」というように、一般論を考えさせるような練習はいかがですか。また2の練習の場合には、ペアワークで、はっきりと相手がいてその人にアドバイスをする、という設定を作ってみるといいでしょう。

::::: STEP 3 ::

　アドバイスを表すこの文型では「病院に<u>行った</u>ほうがいいですよ」や、「あまりお酒を飲ま<u>ない</u>ほうがいいですよ」などもあり得ます。形を整理してみると〈た形／ない形＋ほうがいいです〉ですね。ただし、学習者の中にはない形と接続できると聞いて、「飲ま<u>なかった</u>ほうがいいです」としてしまう人がいます。普通、過去形を使うなら「飲ま<u>ない</u>ほうが<u>よかった</u>」となり、後悔の気持を表しますが、この〈後悔〉の意味がはっきり伝わらないと、「飲まなくてよかった」という、全く逆の意味にとられる恐れがあるので気を付けましょう。「たくさん飲んで、気持ちが悪くなった」などの状況をはっきり示すことが大切です。

～たら

未来を表す文なのに、「雨が降ったら……」!?

:::::: STEP 1 ::

Q 次の３つの文は初級で扱う【～たら】を使った文です。それぞれどんな違いがありますか。考えてみましょう。

1．もし雨が降っ<u>たら</u>、明日のハイキングは中止になります。

2．８月になっ<u>たら</u>、みんなで海へ行こう！

3．朝起きて、窓を開け<u>たら</u>、雪が降っていた。

:::::: STEP 2 ::

Q 同僚に次のように答えられた場合、あなたは１～３の表現にどんな印象を持ちますか。また、どのような反応をとるでしょうか。考えてみてください。

あなた：田中さん、ちょっと手伝ってくれない？

田　中：1．この仕事が終わっ<u>たら</u>ね。

　　　　 2．この仕事が終わっ<u>てから</u>ね。

　　　　 3．この仕事が<u>終わった後で</u>ね。

:::::: STEP 3 ::

Q STEP１の２の文と同じ機能を持つ【～たら】を、ほかの機能の【～たら】に先駆けて導入する場合、次の例文のどれを使うのが最も適当でしょうか。

A　名前を呼んだら、返事をしてください。

B　結婚したら、仕事を辞めるつもりです。

C　大学を卒業したら、日本の会社に就職したいです。

確認しましょう

..::: STEP 1 :::

　私たちは通常【〜たら】にいくつかの用法があることを意識せずに使っていますが、初級の教科書で扱う【〜たら】は意味や機能で３つに分けられます。現場で使っているニックネームを紹介しましょう。

１．もし雨が降ったら、明日のハイキングは中止になります。

　起こるかどうかわからない不確実なこと（例：雨が降る）や事実に反すること（例：もし女だったら）を仮に「そうなった」と仮定して話す表現です。このような仮定の【〜たら】を私たちの現場では〈モシたら〉と呼んでいます。

　（例）試合に負けたら、全員坊主だ！

２．８月になったら、みんなで海へ行こう！

　今していること、起こっていることの延長線上に必ず起こること（例：８月になる）が成立することを条件とし、成立したら次の行為に移るという表現です。この【〜たら】を現場では〈スグたら〉と呼んでいます。

　（例）（読んでいる人に）その本、読んだら貸してね。

３．朝起きて、窓を開けたら、雪が降っていた。

　朝起きて、窓を開けたときに雪が降っていたら驚きますよね。この【〜たら】は予期せぬ出来事にあったときに使う表現で、〈モシたら〉や〈スグたら〉と違い、過去の出来事を表す文になります。予期せぬことという意味から現場では〈ビックリたら〉と呼んでいます。

　このようにそれぞれに機能が違うことを抑え、それぞれの例文を作ってみましょう。

　日本人には気付きにくいことではありますが、未来の出来事を表す文になぜ「雨が降ったら」や「８月になったら」のように過去・完了を表す「た形」を使うのかと疑問を持つ学習者もいます。「雨が降ったら……」という文は確かに未来を想像する文ですが、仮に「そういう状態になった」と仮定するために「た形」を使うのです。仮定の文に過去・完了の形を使うことは、日本語に限ったことではなく、共通する言語もあるのではないでしょうか。

　「条件」を表現する文型には、ほかに「〜ば」があり、意味や機能で〈モシたら〉と重なるので、この２つの違いや使い分けは学習者によく聞かれます。教師は学習者の質問に備えておく必要があります（「〜ば」P.211参照）。

::::: STEP 2

　どの表現も結局は「今ではないが"手伝う"」と答えていますが、ニュアンスに違い
があるようです。通常私たちは若干のニュアンスの違いで自然に使い分けていますが、
話し手の伝えたいメッセージや状況、聞き手が受ける印象を比べるとその違いがわかり
やすいでしょう。

　「終わったら」は「仕事が完了することが条件だ」と、特に〈条件〉を強調したい時
に使います。〈条件〉ですから、話し手が伝えたいのは「終わらないうちは手伝えない」
というメッセージになります。聞き手はそのメッセージを受け取り、いつ終わるのかと
聞いてもいいでしょう。「終わってから」は〈順番〉を表す表現ですから、この場合は
「仕事が優先である」というメッセージを伝えています。どちらが優先かを際立てたい
時にこの表現を使うので、言われた側は「今はその仕事が優先で、手が離せないのか」
という印象を持ち、もしその用事が急用であればほかの人を探そうかと考えるかもしれ
ません。「終わった後で」はいつ手伝うのかを、文字通り「今ではなく後で」と伝えた
い時に使っているのではないでしょうか。

　このように似た表現の使い分けでは、相手にどんなメッセージを伝えることになるの
か、また相手のメッセージをどう理解し、どんな反応を返すかを学習者に教えることが
重要になってきます。これらを教えることこそが教師の大切な役割になるのでしょう。

::::: STEP 3

　この場合の導入には、「完了することが条件」という〈スグたら〉の意味が際立つ場
面を用意します。例えばＡのような「私が名前を呼んだら返事をしてください」や
「『はい』と言ったら立ってください」という場面を一緒にやってみます。学習者は教師
が呼び終えるまでは返事ができないので、〈条件〉が理解しやすいでしょう。言葉での
説明より、実際にやってみたほうが〈スグたら〉の意味をクラスで共有しながら理解で
きるので効果的です。似たような文をいくつか準備しておきましょう。トピックは料理
や生活、身の回りの場面などがいいでしょう。Ｂの「結婚したら」やＣの「卒業したら」
のような、未来の図をテーマにしたものは、〈モシたら〉と重なり、まぎらわしくなる
ので、導入時には避けたほうがいいでしょう。

世界の日本語教室から　〜メキシコ編〜

● ●

　４年前の夏、ボクはメキシコで日本語教師デビューを飾りました。大学の付属機関として外国語を教えるセンターがあり、そこで大学生だけでなく一般の方も募集し16歳から60歳近い年齢の方まで同じ教室で教えていました。センターの決まりで１クラス24人までという人数制限がありましたが、新しくコースを設けるといつも24人いっぱいいっぱいで、冷房設備もない教室に24人のメキシコ人と１人の新米熱血日本語教師でいつもワイワイやっていました。メキシコ人は本当に陽気でとにかく楽しむことが好きな国民なのか、クラスには常に笑いがありました。

　ある日、漢字のクラスで「間」という字を教えました。漢字には訓読みと音読みがあるので「あいだ」も「カン」も教えます。で、いつもの通り漢字は単語レベルで教えていました。まずは「二日間」のカードを見せ、「ふつかかん」と何度かコーラスさせました。次に「三日間」を見せ、同じように読んでもらおうと思ったところ、「みっか……」位のところでクラス中に爆笑が起こりました。そしてなぜか笑い半分、絶叫半分でコーラスが何度か繰り返されました。

　スペイン語が未熟なボクにはどうしてみんなが笑うのかがよくわかりませんでした。授業中に「どうして？」と尋ねても「何でもありません」と笑って答えてくれません。授業の後もう一度聞くと、一番気の弱そうな学生さんが恥ずかしそうに教えてくれました。「ミ　カカ（ン）」はスペイン語で「私のウ〇コ」という意味だとのこと。そんな言葉を老若男女24人のメキシコ人に大きい声でコーラスをさせていたんです。

　これは後々もお酒を飲む度、パーティーをする度、あの日のあの事件として話題にあがり、数ある伝説の一つとして今でも伝えられています。

～ている（状態）

あなたは結婚した？　結婚していた？

:::::: STEP 1 :::

Q 次の絵を見て、できるだけ【～ています】の文を作ってみましょう。

:::::: STEP 2 :::

Q （　　　　）に助詞を入れてください。

　1．A　私は寮（　　　　）生活しています。
　　　B　私は寮（　　　　）住んでいます。
　2．A　私はデザイン会社（　　　　）働いています。
　　　B　私はデザイン会社（　　　　）勤めています。

文の意味は似ていますが、それぞれ違う助詞が入ったと思います。それはなぜで
しょうか。

:::::: STEP 3 :::

Q 状態の「～ています」を練習している時、このようなやりとりがありました。A
さんは何を言いたかったのでしょうか。みなさんなら、この後どうしますか。

　T：Aさんは結婚していますか。
　A：はい、私は結婚しています。昨年結婚していました。
　T：昨年「結婚しました」か。
　A：はい、えーと、昨年も結婚しました。
　T：……。

確認しましょう

STEP 1

【～ている】にはいろいろな意味がありますが、学習者が最初に学ぶのは、大きく分けて「動作の継続」（絵の中の「新聞を読んでいる」「電話をしている」など）と「状態」（絵の中の「座っている」「電車に乗っている」など）の２つです。「動作の継続」を教える時は、〈動作をし始めるところ（食べます）→ 今動作が進行しているところ（食べています）→ し終わったところ（食べました）〉の３段階の流れを見せるとわかりやすいです。一方「状態」は、動作を始め（乗ります）→ 動作をし終わった（乗りました）→ その後の状態（乗っています）を表します。

動詞の性質によって、このようにひとつの意味しか持たないものもありますが、２つの意味に使える場合があります。例えば、「今、着物を着ていますが上手に着られないので手伝ってください」と言えば服を着る動作が続いていることを表していますが「白い服を着ている人は林さんです」と言えば服を着た状態を表しています。

STEP 2

Aには「で」、Bには「に」という助詞が入ったのではないでしょうか。「で」も「に」も場所を示す助詞です。動作が行われている場所を表す時は「で」、存在する場所を表す時は「に」を使います。ここからもわかるように、A「～で働いている」は仕事という動作が続いていること（動作の継続）を表しており、B「～に勤めている」はその会社にいる、在職中だということ（状態）を表しているのです。

STEP 3

状態を表す【～ています】には「住んでいます」「勤めています」「知っています」などがあります。【～ています】を使って自己紹介したり、インタビューしたりしてみましょう。

（例）　X：Yさんはどこに住んでいますか。　　Y：新宿に住んでいます。
　　　　X：アルバイトをしていますか。　　　　Y：はい、焼肉屋で毎日しています。
　　　　X：結婚していますか。　　　　　　　　Y：いいえ、していません。

このような【～ています】だけを使った練習では、STEP2に挙げた助詞以外には間違

いも少なく、学習者も理解しているように思われます。しかし前ページの会話例のように、実は「～ます」と【～ています】の区別がわかっていない恐れもあるので注意が必要です。

　会話例のAさんは、「結婚する」という動詞は「結婚している／していない」というようにいつも【～ている】の形で使うと思っているようです。先生に直されて慌ててまねをしてみたものの、うまくいかず……「昨年結婚した」ということを付け加えたかっただけなのに、結局伝えることができませんでした。

　【～ています】の意味する「状態」とは、ある動作をした結果残った状態という意味です。つまり「結婚しました」は結婚式をした、婚姻届を出したなど、結婚という動作が終わったことを意味し、「結婚しています」は、その動作が終わった後に残った、夫婦という状態を意味します（「結婚していました」はその夫婦という状態が終わったという意味ですね）。

　Aさんのような間違いが出たら、「結婚しました」は結婚式などが終わった様子、「結婚していました」は夫婦という状態が終わった様子をそれぞれやって見せましょう。または、STEP1のように「結婚する→結婚した→結婚している」と段階を追って見せてもいいでしょう。ほかにも「漢字を覚える→全部覚えた→今でも覚えている」「虫が死ぬ→あ、死んだ！→死んでいる（死体）」なども例示しやすいですね。

世界の日本語教室から　～オーストラリア編～

●●●●●●●●●●●●●●●●●●●●●●●●●●●●●●●

　オーストラリア、とりわけシドニーはマルチカルチャー（多国籍文化）の街です。特に日本の文化は、すっかりオーストラリア社会に浸透しています。カラオケ、テリヤキ、サケは日本語という意識はなく、すっかり日常的に使われている言葉ですし、街中いたるところに日本食のレストランがあります。駅の構内ではマクドナルドの隣にテークアウト専門のすし屋をよく見かけます。朝のラッシュアワーで、朝ご飯にのりまきをかじっているビジネスマンもいるほどです。そんな環境のおかげか、はたまた最近のアニメ・ゲームの影響か、一時の日本語ブームは落ち着いたようですが日本に興味を持っているオーストラリア人は少なくありません。

　私が日本語を教えていたのはシドニーにある語学学校です。授業は平日の夜、週2回2時間のコース、または土曜日の午前中、週1回4時間のコースがありました。ですから、学習者はほとんどが成人で、日系企業に勤めているビジネスマンや趣味で語学を勉強している人などが多かったです。そんなわけで授業は終始のんびりムードで行われていました。授業の代入練習では、私たち日本人には馴染みのないオーストラリアならではの動物ネタがよく使われていました。例えば「ブルータンリザード（トカゲ科の一種）の舌は青いです」「ポッサム（木の穴に住む有袋類の動物）は小さいです」などです。

　町中に日本文化が溢れているものの、実際は学習者が日本語を使う機会はあまりありません。そのせいか覚えるのは遅いし、忘れるのは早いというのが現実です。語学は使わないと使えるようにならないんだと感じさせられました。とにかく進度はゆっくり、ゆっくりです。「飴と鞭」では誰もついてきてくれません。あくまで「飴と飴」でいかなくてはいけません。こんなにゆるっとした授業でよいのでしょうか……。

　でも、考えてみてください。本当なら仕事の後パブでビールでも飲みたいところ、またはゆっくり寝ていたい休日の午前中にわざわざ日本語を勉強しに来てくれるなんて、やる気があるに決まっています。日本に興味を持ち、一生懸命勉強している姿に、ひたすら感謝でこちらも頭が下がる思いで一杯でした。

～ている／てある／ておく

ある状態を見て何かの意図を感じて描写する

:::::: STEP 1 ::::::

Q このエアコンは「ついている」「つけてある」のどちらでしょうか。

では、この卵は「割れている」「割ってある」のどちらでしょう。

:::::: STEP 2 ::::::

Q 次の会話でBさんが「今晩何があるんだろう」と思うのはどちらでしょうか。

1．A：ワインを買って来てください。

　　B：＿＿＿＿＿＿＿＿＿＿＿＿＿＿＿＿＿＿＿＿＿。

2．A：ワインを買っておいてください。

　　B：＿＿＿＿＿＿＿＿＿＿＿＿＿＿＿＿＿＿＿＿＿。

:::::: STEP 3 ::::::

Q 【～ておく】の練習として「＿＿＿＿＿＿前に＿＿＿＿＿＿ておきます」という
文を作らせます。例えば「地震の前に……」と聞くと、学習者は「缶詰を買って
おきます」や「ベッドの近くに水を置いておきます」というような正しい文も作
りますが、「机の下に入っておきます」というような文も作ります。なぜこの文が
誤用なのか、またこの間違いをどう直すか考えましょう。

確認しましょう

::::: STEP 1 ::

　Aは「ついている」も「つけてある」もどちらも言えます。Bは「割れている」、Cは「割ってある」です。

　〈自動詞＋ている〉は、何かの変化の結果としての状態を示し、〈他動詞＋てある〉は誰かが目的や意図を持ってしたことの結果の状態を示します。つまり、話し手がある状態を見て何かの目的や意図を感じれば〈他動詞＋てある〉を使い、目的や意図など何も感じずただその状態を述べるだけの時には〈自動詞＋ている〉を使います。

　Bが「割れている」としか言えないのは、卵が「割れた」ことにスーパーの袋を開けて初めて気付いたからで、その状態に何の目的も意図も感じられないためです。一方、Cが「割ってある」としか言えないのは、この絵から目玉焼きを焼くという目的のために前もって「割った」という意図が感じられるからです。

　Aの絵を見て後から来る誰かのためにつけたのだと感じたら「つけてある」と言い、部屋に入った時の様子をただ説明する時には「ついている」と言います。

::::: STEP 2 ::

　ここでは「〜ておきます」について考えてみましょう。

　【〜ておく】は、これからする何かのために前もってするという意味があります。これは、〈意図や目的がある〉〈何かのために前もってする〉という点で【〜てある】と似ているので、学習者が混乱することがあります。

　2のように「ワインを買っておいてください」と言われるとBさんはこれからパーティーなど何かあるのかなと予想し、「え、何かあるんですか」や「何時までに買ってくればいいですか」などと言いたくなります。1の「ワインを買って来てください」というのはもっと単純な依頼であり、何か意外に感じさせることはありません。

~ている／てある／
ておく

::::: STEP 3 :::

　【～ておく】にはSTEP2で述べた意味のほかに、予期せぬ事態に備えるという意味もあります。

　そこで学習者は地震に備えて前もって何をするか聞かれると、自分が缶詰を買っておいたり、自分が水を置いておくのと同様に、自分が机の下に入ることも備えの一つとして考えてしまうのです。

　この場合、学習者には机の下に入るのは地震が起きた時で、起きるかどうかもわからない地震のために前から机の下に入って待っているということはないと説明しましょう。

　しかし、地震のない国の学習者には、地震に備えて何かしておくこと自体イメージしにくいものです。教師は「地震の前に何をしておきますか」と聞く前に、まず日本は地震が多い国で、いつ地震があっても最悪の事態は避けられるように備えておかなくてはいけないことを説明したり、それについて話し合ったりしなくてはいけません。

　欧米の住宅地を歩いていて洗濯物や布団を干している家が少なくて驚いたことがありませんか。乾燥機を使うため洗濯物を庭やベランダに干す習慣があまりない国もあります。そのような国の学習者に「雨が降りそうだから洗濯物を入れておく」と言ったり、四季のない国の学習者に「寒くなる前にコートを出しておく」と言ってもその意味は伝わりにくいものです。このように季節や習慣、環境など異なる背景を持つ学習者にはその備え自体理解するのが難しいということも考慮しておいたほうがよいでしょう。

　【～ておく】をよくわかってもらうためには、「～を買っておく」「～をとっておく」「～を食べておく」などいろいろな文を例示し、それぞれどんな時に使われているのかなど、学習者に考えてもらい話し合うことが大切です。

世界の日本語教室から　〜ルーマニア編〜

●●●●●●●●●●●●●●●●●●●●●●●●●●●●●●

　何かを覚えようとする時、私たちはよくほかのものと関連付けて覚えることをします。富士山の高さは3776メートルで「皆（富士山のように）なろう」とか……。日本語で「Good Morning」は「ＯＨＩＯ（オハイオ）」と言えばいいんだと教えられて来るアメリカ人もいるようです。このように、音から私たちはいろいろな連想をします。それで遊んだり、冗談を言ったり、からかったりします。

　1995年、日本のＭ市とルーマニアのＢ市の友好プログラムの派遣日本語教師として、私はルーマニアで日本語を教えていました。ルーマニアの若者たちは長い独裁政権から解放され、新しい世界のすべてに興味を持って熱心に勉強していました。日本語も大変人気があり、遠く離れた国なのに日本語教室には50名近い学習者が集まっていました。でも経済状態はよいとは言えず、教材のコピーも２、３ブロック離れた文化担当官事務室まで行かなければできませんでした。

　その日は目的文の勉強をしていました。「午後、恋人と映画を見に行きます」「いつも私はお昼を食べに家に帰ります」「将来、日本に勉強しに行きます」ルーマニアの若者の生活や将来の希望が生き生きと表現された例文を聞くのが楽しくて、いつもアッと言う間にクラスの終わりの時間が来てしまいます。最後に「先生はこれからどこへ何をしに行きますか」と聞かれました。「私はＢ氏のオフィスにコピーしに行きます」なかなか生活感のあるよい文じゃないかと思いながら答えました。すると……クラス中が一斉に大笑いし出したのです。何がおかしいのか、さっぱりわかりません。きょとんとして困っている私に「先生、コピーはルーマニア語で『子供』という意味です。ですから先生は今、子供を作りに行くと言ったように聞こえたんです」笑いにむせながら説明してくれました。

　え？　ベートーベンかライオンのようなクシャクシャ頭のＢ氏の顔が浮かびました。私と同年代ではありましたが……。う〜ん、そんな勝手に想像されてもねえ。それ以来「Ｂ氏のオフィスにコピーしに行きます」と言いづらくなって、ただでさえ不便なコピー取りがますます大変になったのでした。

～てくる／ていく（複合動詞）

何がどうやってどこに向かう？

:::::: **STEP 1** ::::::

Q 初級の半ばから後半に【～てくる】【～ていく】という表現を勉強します。同様に、「～にくる」「～にいく」という表現も初級で勉強しますが、形が似ているために混乱する学習者もいます。みなさんは、次の文の違いをどうやって説明しますか。

　　１．ご飯を作っていきます。
　　２．ご飯を作りにいきます。

:::::: **STEP 2** ::::::

Q 【～てくる】は話し手への近付き方・近付く物を表し、【～ていく】は遠ざかり方・遠ざかる物を表すわけですが、前にくる動詞によってその意味や使い方も異なります。AとBはどう違いますか。また、１と２の意味はどう違いますか。

　　１．A　プレゼントを持ってくる　　　B　プレゼントを持っていく
　　２．A　虫が飛んでくる　　　　　　　B　虫が飛んでいく

:::::: **STEP 3** ::::::

Q 次のような誤文・質問に対して、みなさんならどうやってこたえますか。

　　（ある授業でのひとコマ）
　　S：明日、私は学校へ友達を持ってきます。
　　T：それは「持ってきます」じゃなくて「連れてきます」と言います。物は「持って」を使いますが、人や動物は「連れていく」「連れてくる」と言うんですよ。
　　S：じゃあ、「連れてくる」と「一緒にくる」は同じですか。
　　T：えーと、それは……。

確認しましょう

:::::: STEP 1 :::::::::::::::::::::::::::::

【〜てくる】と【〜ていく】の基本的な違いは、動詞「来る」「行く」の違いと同じです。つまり、【〜てくる】は話し手に向かって近付く様子、一方【〜ていく】は話し手から遠ざかる様子を表すわけです（右図参照）。では、問題の【〜ていく】と「〜にいく」はどう違うでしょうか。もう少し具体的に「行く」場所を考えてみましょう。

(例)　今晩、友達のうちへご飯を（1．作っていきます／2．作りにいきます）。

　ポイントは「ご飯を作る場所」です。1は自分のうちですね。【〜ていく】はある動作をして、その後で「行く」という意味になります。一方、2でご飯を作るのは友達のうちです。ご飯を作るのが友達のうちへ行く目的なのです。「〜にいく」は何かしたいこと（目的）があって「行く」という意味になります。

:::::: STEP 2 :::::::::::::::::::::::::::::

　1は「ご飯を作っていく」と同じように「何をしてからくる（いく）か」を表しています。プレゼントを持ち、その後遠ざかれば「持っていく」、その後そのまま自分のもとへ近付けば「持ってくる」です。

　2は「どうやってくる（いく）か」、その手段を表しています。「走っていく」「バス

に乗っていく」などもこの意味です。手段を表す助詞〈名詞＋で〉と同時に学習することもあります（例：バスで行く）。

::::: STEP 3 ::::::::::::::::::::::::::::::::::::

〈持ってくる＝bring〉だと考えた学習者は、このように「（人）を持ってくる」という間違いをします。ここで必ず「連れてくる（いく）」という言葉も導入しておく必要があります。「友達を連れてくる」と「友達と一緒にくる」はどちらも同行者がいる点は同じですが、「連れてくる」のほうが、「私」が積極的に誘って、リードしている感じがしませんか。このような微妙な違いは、実際に思い浮かんだイメージ通りに動いてみると、学習者にもわかりやすく伝わるでしょう。

世界の日本語教室から　～韓国編～

●●

　私は韓国の釜山にある大学の日本語科で教えています。日本人と接する機会の少ない学生にとってネイティブの授業は人気が高く、多くの学生が履修をしています。

　私はできるだけ早く学生達の名前と顔を覚えたいと思い、学期始めに「自己紹介カード」を書いてもらっています。そこには名前、学年、学科、趣味……などのほか簡単な自己紹介、また顔と名前が一致するように顔写真も貼ってもらいます。このカードは出席をとったり授業中に学生を指名したりする時にも使っています。カードを眺めていると、韓国のいろいろな面をうかがい知ることができます。

　まずは顔写真。これを見ると韓国の若者文化が見えてきます。韓国にはイメージ写真というものがあるのですが、ポーズをとって背景には星がキラキラ、多少ぼかしなんかが入っているというもので、これをカードに貼ってくる学生が多くいます。実際よりきれいに写っている写真は実物とあまりにもギャップがありすぎて自己紹介カードの意味が全くないということもしばしば。

　カードの中で多く見られる表現に「先生はきれいです」というものがあります。たとえ事実と違っていても、とりあえず先生を褒めておく。成績重視社会に育っている彼らからは、当たり前のようにこのような言葉がいつも出てきます。また「能力が不足していますが大目に見てください」と前もって自分の能力について触れておく学生も多いです。彼らの多くはとにかくいつも成績を気にしているのです。

　ほかによく見られる表現として「熱心に勉強します」「面白く教えてください」というもの。これは韓国語をそのまま直訳しているもので、韓国語の干渉がこんなところで見られます。

　最近ではEメールの時に使う「絵文字」も目立ちます。「先生、よろしくおねがいします＾＾」「まだ日本語が上手じゃありません＾＾；」など。これはIT文化が進んでいる韓国ならではのことなのか、レポートやテスト用紙にさえ書いています。

　日本語を教えながら、学生達から韓国の文化や言葉などいろいろなことを教えてもらっている毎日。私の人生にとってとても充実した貴重な時間となっています。

～てくる／ていく(時間)

一言加えて時の流れまで表現してみよう

::::: STEP 1 :::::

「～てくる／ていく（複合動詞）」（P.179）では、人や物がある場所・空間を移動する際に使われるパターンをとりあげました。もうひとつ初級で主に学習するのは、時間の移り変わりによる変化を表す用法です。

（例）寒くなってきましたね。

　　　これからも寒くなっていくでしょうね。

Q では、1の「寒くなってきました」と次の3の意味はどう違いますか。

　3．寒くなりました。

::::: STEP 2 :::::

このような変化を表す場合、「なってくる」「なっていく」の「なる」という動詞のように、その前には変化を表す動詞がつきます。

（例）最近、ペットを飼ってもいいというマンションが増えてきました。

　　　今後、公害は減っていくのでしょうか。

Q 「増える」「減る」のほかに、どのような変化を表す動詞がありますか。

ヒント：「だんだん」をつけて考えてみましょう。

　　　○ だんだん増えてきた。　　× だんだん食べてきた

::::: STEP 3 :::::

Q 学習者から次のような質問が来ました。みなさんはどうやって答えますか。

「『なってきました』の『きました』はいつも過去形ですか。『～てきます』や『～ていきました』はありませんか」

ヒント：「～てきました」「～ていきます」という2つの形をセットで教えていたことからこのような疑問を持ったのですね。時制に着目してみましょう。

183

確認しましょう

::::: STEP 1

　「なってくる」はある時点までの変化、「なっていく」
はある時点からの変化を表します。「寒くなる」「きれい
になる」など〈形容詞／名詞＋なる〉という表現を学習
してから出てくる用法です。1、2について、これまで
の変化、これからの変化を絵に表すと右のようになります。1は数日前から今まで、2
は今から将来に向かって寒さが変化する経過が言いたいわけです。〈過去→現在（ある
時点）→将来〉という時間の流れがポイントです。一方、3の「寒くなりました」は長
い経過ではなく「寒くない→寒い」という変化だけです。電気を突然消せば「暗くなっ
た」、少しずつ日が沈んでいくのであれば「暗くなってきた」と言いますね。

::::: STEP 2

　自分の意志ではなく自然に変化した様子を表すため、変化動詞を使います。そうしな
いと別の用法になり、違う意味の文になってしまいます（？　彼はよく話してきました
→話すようになってきました）。初級で習う主な変化動詞には「上がる⇔下がる」「太る
⇔やせる」「（習慣に）慣れる」などがあります。

::::: STEP 3

　初級では主に今現在を基準に教えるため、過去から今までの変化は「～てきました」
と過去形になっていますが、話し手の基準となる時点を変えれば次のようにもなります。

（例1）もしメニューを変えたら、客は増えてくるかもしれない。安くすればさらに
　　　　増えていくのではないか。
　　　　（メニューを変えるという将来のある時点を基準に、その前後を話す場合）
（例2）そのころ、客はますます減ってきていた。しかし、メニューを変えてからは
　　　　少しずつ客が増えていった。
　　　　（メニューを変えた過去の時点を基準にした場合）

　少し進んだ時制なので、最初は基準を現在に限った練習だけでいいと思います。質問が
あればこのように、いつも「きました」「いきます」でないことを説明しましょう。

て形

動詞を整理して、テンポよく覚えよう

:::::: STEP 1 ::

Q 「食べ<u>て</u>います」などに使われている「食べて」「飲んで」という形を【て形】と
いいます。
「大きい声で<u>話して</u><u>はいけません</u>」の「～てはいけません」という文型は、て形
を使った文型です。ほかにも、て形を使った文型を挙げてみましょう。

:::::: STEP 2 ::

Q 学習者に「先生、て形の『て』の意味は何ですか」と聞かれたら、あなたは何と
答えますか。初級半ばの日本語で、どうやって答えられるか考えてみましょう。

:::::: STEP 3 ::

Q 次の動詞はすべてグループ1の動詞です。て形の場合、グループ1は変形ルール
が1つでないため、次のように分けて教えます。どうしてこのように分けている
か、それぞれの共通点を見つけてみましょう。また、ほかの動詞がどこの枠に入
るか考えてみましょう。

買います→ 立ちます→ とります→ ＊行きます→

読みます→ 呼びます→ 死にます→

話します→

書きます→ 泳ぎます→

確認しましょう

:::: STEP 1 :::

　て形を使った初級文型には「ペンを貸し<u>て</u>ください」「今おふろに<u>入っ</u>ています」「ここに車を止め<u>て</u>もいいです」「テレビを見<u>て</u>から寝ます」「忘れ<u>て</u>しまいました」「おいしいかどうか食・べ<u>て</u>みます」などがあります。このような新しい表現を学習する際、て形の変形ルールを理解していないと、意味がわかっても形が作れずにつまずくことになります。て形を教える時も、ほかの形と同様に変形練習を徹底して行いましょう。

:::: STEP 2 :::

　初級では同じころ、「辞書形/ない形」という形も学習します（P.135、P.139「辞書形/ない形」参照）。辞書形は辞書に載っている形だから「辞書形」、ない形は否定する「ない」という意味の形だから「ない形」……そう考えた学習者からこのような質問がくることがあります。では、実際にどのように説明したらよいか、次の例を見てください。

　　教師：食べます、見ます……これはます形です。（板書しながら）食べ<u>て</u>ください、
　　　　　見<u>て</u>ください……食べて、見て……て形ですね。て形には意味はありません。
　　　　　フォーム（形）です。（組み合わせるジェスチャーをして）〈～て＋ください〉
　　　　　〈～て＋はいけません〉など、〈～て＋…〉で新しい意味になります。

　学習者に説明する時は、て形というのは形の一つであり「て」それ自体には意味がないということを示さなければなりません。このて形という形が、例えば「ください」「います」などと組み合わさって「～てください」「～ています」などの文型を作り出すということを、身ぶり手ぶりなどを使って簡潔に示すことが大切です。

:::: STEP 3 ::::::::::::::::::::::::::::::

　グループ1は「ます」の前が変形することが特徴でしたね。4つの枠で分けられた動詞は、すべて「ます」の前が同じように変形します。たとえば「ます」の前が「い」「ち」「り」の動詞はすべて「って」と変形するのです。例の動詞以外では「会います」「吸います」「待ちます」「帰ります」なども同じルールで変形します。

　そのほかのルールは次の通りです。それぞれ「って」「んで」「して」「いて」「いで」と変形します。

○います	○ちます	○ります	→ ○って
○みます	○びます	○にます	→ ○んで
○します			→ ○して
○きます			→ ○いて
○ぎます			→ ○いで

　ここにあてはまらない動詞がひとつだけあります。それが「行きます」です。上記のルールだと「行きます」のて形は「行いて」となってしまいますが、正しくは「行って」ですね。これはて形の例外として個別に取り上げるようにしてください。また「読みます」と「呼びます」は、て形にするとどちらも「よんで」になりますが、アクセントの違いでそれぞれの違いを示すことができるということも知っておかなくてはなりません。

　　読みます→よんで　　呼びます→よんで

　グループ2、3は次のように変形します。

　　グループ2　〈たべます＋て〉
　　グループ3　〈します→して〉〈きます→きて〉

　グループ3は2つの動詞を覚えるだけ、グループ2は「ます」をとって「て」に変えるだけなので、学習者の負担は大きくありません。グループ3から導入し、最後にグループ1の動詞を上記のように分けて1つ1つ導入していくと、途中で息切れすることなく覚えることができるでしょう。グループが整理されていれば難しい内容ではあり

ませんが、ルールが多いため、教師の板書がゴチャゴチャしているとそれだけで難しい印象を与えてしまいます。グループ1〜3の変形ルールを説明する時には、どこに何を書くかきちんと板書計画を立てておきましょう。

　て形を覚えれば文型が一気に広がります。また、「昨日新宿へ行った。映画を見た」という動詞の過去を表す「た形」も全く同じルールで変形します。この変形ルールを正確に頭に入れておくのは今後非常に大切なことなのですが、ルールの細かさを学習者が負担に感じるのも事実です。板書計画だけでなく、いかにテンポよく楽しく教えるかということもまた重要です。日本語教師の間には、こういった変形の定着に『きらきら星』『ロンドン橋』などの替え歌が口コミで伝わっています。みなさんも、いろいろ工夫してみてください。

～てしまう 「あ、しまった！」と「ふ～終わった」

::::: STEP 1 ::::::

Q 下線部にはどんな表現が入りますか。また、この時あなたはどんな気持ちですか。

（朝急いで家を出て、走って駅に着いた時、財布がないことに気が付いて一言）
「あ、財布を＿＿＿＿＿＿＿＿＿＿＿＿＿＿＿＿＿＿＿！」

::::: STEP 2 ::::::

Q 「～しまった」にはSTEP1で述べた意味のほかに、もうひとつの意味があります。次の文で同じ意味で使われているのはどれですか。2つのグループに分けてみましょう。

A　あ～あ、新しい服にコーヒーをこぼしちゃった。

B　財布を落としてしまったので、帰りの電車代を友達に借りた。

C　このレポートを書いてしまうから、ちょっと待ってくれる？

D　お客さんが来る前に、掃除をしちゃおう。

E　ご飯、もう食べちゃったの？

F　先週もらったばかりのアルバイト料をもう全部使ってしまった。

①＿＿＿＿＿＿＿＿＿＿＿＿＿　②＿＿＿＿＿＿＿＿＿＿＿＿＿

::::: STEP 3 ::::::

Q 「～ちゃった」も「～じゃった」も【～てしまった】のくだけた言い方です。どんな時に「～じゃった」になり、どんな時に「～ちゃった」になりますか。ルールを考えてみましょう。

1．昨日買った高級ワイングラスを割っちゃった。

2．かわいがっていた猫が死んじゃった。

確認しましょう

⋯⋯ STEP 1 ⋯⋯

「あ、財布を忘れちゃった！」こんな言葉が口をついて出てくるのではないでしょうか。「〜ちゃった」というのは【〜てしまった】のくだけた言い方です。この【〜てしまう】という表現は本来ならしないほうが望ましいとわかっていることをした時に使います。ついうっかり何かを忘れた時、失敗した時、間違えた時など「あ、しまった！」と言いませんか。ですから【〜てしまった】も「あ〜あ、残念/うっかりしてた/がっかりだなぁ/そんなつもりじゃなかったのになぁ」という気持ちの時使うのです。「財布を忘れました」と「財布を忘れちゃった」は同じ事実を伝えているのですが、前者は相手やTPOを意識しているのに対し、後者は思わず口をついて出た心の声といえるでしょう。

⋯⋯ STEP 2 ⋯⋯

【〜てしまう】にはA、Bのように「残念」の意味以外にC、Dのように「完了」の意味も表すことができます。完了とは「全部終わった」ことですが、その際に沸き起こる「やり終えた」達成感や寂しく残念な気持ちにも使います。またE、Fのように「〜し終わる」点にポイントがある使い方もあります。Fではアルバイト料を「すべて使い終わった」ことを言いたいと同時に、それが「残念」である気持ちも含まれています。

⋯⋯ STEP 3 ⋯⋯

【〜てしまった】の前にくる動詞のて形に注目してみましょう。「死んでしまった」のように前にくる「て形」が「死ん<u>で</u>」と濁音になる時は「〜じゃった」になります。一方「割ってしまいました」のようにて形が「割っ<u>て</u>」と清音の時は「〜ちゃった」になるわけです。これらは日常会話で使用されることが多いため、学習者もテレビや身の回りでよく聞く表現です。したがって学習者は縮約形をよく使いたがるのですが、「〜ちゃう」などの縮約形はリズムやアクセントを上手に使いこなさないと自然な日本語に聞こえないばかりか、かえって下手さが目立ってしまいます。そこで、授業でも「〜ちゃった」「〜じゃった」の口ならしのための変形練習をしっかり行ったほうがよいでしょう。「買って来ちゃった」など、動詞のて形に促音（っ）が含まれる場合は特に学習者にとっては言いにくいので、「タッタタタッタ」とリズムをとって練習するといいでしょう。またこの形はあくまでも会話で使われるので、書き言葉では使わないよう指導しましょう。

〜ても 思う通りにはいかないものです

::::: STEP 1 :::

Q 次の会話の下線部を考えてみましょう。

1. 日本人：韓国でも結婚したら名字が変わりますか？

   韓国人：いいえ。韓国では＿＿＿＿＿＿＿＿＿＿＿＿＿＿＿＿＿＿＿＿＿。

2. A：うちのマンション、最近ゴキブリが多くて。

   B：本当？　最近はいい殺虫剤も結構出てるよ。

   A：でも、いくら＿＿＿＿＿＿＿＿＿＿＿＿＿＿＿＿＿＿＿＿。

::::: STEP 2 :::

Q 次の文は、話し手のどんな気持ちを表していると思いますか。考えてみましょう。

1. いくら食べても太らないね。
2. いくら飲んでも酔わないね。
3. あの人はどれだけ言ってもわからない。

::::: STEP 3 :::

Q 初級の中でも【〜ても】という文型は「やっと自然な文で話せる。内容が広がってきた」と学習者が感じられる表現です。そこで、クラスで次のような会話練習をしました。学習者からはどんな文が出てくると思いますか。

（ダイエット食品のセールスマンの会話）

セールスマン：この薬を飲んだら1週間でやせられますよ！

　　客　　　：えー、＿＿＿＿＿＿＿＿＿＿＿＿＿＿＿＿＿＿＿＿。

セールスマン：それにこのクリームをつけたら、お腹の肉もすぐになくなります！

　　客　　　：えー、＿＿＿＿＿＿＿＿＿＿＿＿＿＿＿＿＿＿＿＿。

セールスマン：今なら特別に「きれいになる水」もプレゼント！　これを３日間飲んだら、すぐにお肌もきれいになります。

　　客　　　：えー、＿＿＿＿＿＿＿＿＿＿＿＿＿＿＿＿＿＿＿＿。

確認しましょう

:::::: STEP 1 ::

　1の場合、「韓国では結婚<u>して</u>も変わりませんよ」とか「韓国ではそのままです」のような会話が考えられますね。2は「いくらいい殺虫剤が<u>あって</u>も効かない」などが考えられるでしょう。日本でも最近は夫婦別姓というケースも見られるようですが「結婚<u>したら</u>」に続く文は「名字が変わる」など、だからどうなる（どうする）という内容がきます。しかし「結婚して<u>も</u>」では、予想に反することが後ろの部分にくるのです。

:::::: STEP 2 ::

　普通、たくさん食べたら太るし、たくさん飲んだら酔っ払ってしまいます。何回も同じことを言えば相手はわかってくれると思うでしょう。このように量や回数は多いけれど、予想していた通りにはならないということを表すのがこの「いくら〜ても」の文型になります。そして1〜3にはそれぞれ、1．食べても太らないなんて<u>いいなあ</u>、2．たくさん飲んでも酔わないなんて<u>すごい</u>、3．あんなに言ってもわからないなんて<u>むかつく！</u>　というような話し手の感情が含まれています。このように「いくら〜ても」というのは、STEP1で見たように単に予想に反する文というだけではなく、話し手の気持ちも表されているのです。

:::::: STEP 3 ::

　通販などでは、いいなと思う商品でも本当に効き目があるの？　と確信がもてないこともありますね。いかにもうさんくさいダイエット食品広告などを学習者に見せながら、実際に「うそ！　そんなの飲んでもどうせ無理でしょう」と感じさせるような練習も面白いかもしれません。また実際に商品を勧める人とお客という設定でロールプレイにすると「この薬を飲ん<u>だら</u>1週間でやせられますよ」「えー、どうせ飲ん<u>でも</u>やせられないでしょう」というような会話練習にも広げられます。【〜ても】のような話し手の気持ちも含む文型を学習する際は、形だけの練習にとどまらず、どんな時、どんな気持ちでその文型を使うのか、その気分を味わえる練習を取り入れていくと学習者にとって使える文型になるのではないでしょうか。

〜と

いつも、必ず、決まってそうなります

::::: STEP 1 :::

Q 下線部には、どんな言葉が入りますか。例を参考にいろいろ考えてみましょう。また、その共通点を考えてください。

　1．春になると＿＿＿＿＿＿＿＿＿＿＿＿＿＿。　　（例）　桜が咲く

　2．お酒を飲むと＿＿＿＿＿＿＿＿＿＿＿＿。　　（例）　顔が赤くなる

::::: STEP 2 :::

Q 次の文のような【〜と】と「〜ば」の違いについて学習者からよく聞かれます。その違いを説明する場合、どのような状況を設定すればわかりやすいか考えてください。

　1．その赤いボタンを<u>押すと</u>、お湯が出ます。

　2．その赤いボタンを<u>押せば</u>、お湯が出ます。

::::: STEP 3 :::

Q 学習者が次のような誤文を作りました。どう直せば自然な文になるでしょうか。また、このような誤文が出ないためには、導入の際どんなことに注意しなくてはいけないか考えてみましょう。

　1．夏になると、<u>暑いです</u>。

　2．夏になると、<u>海へ行きたいです</u>。

STEP 1

1．春になると→気温が上がる／暖かくなる／花が咲く
2．酒を飲むと→酔っ払う／気分がよくなる／眠くなる／頭が痛くなる／
　　　　　　　　食欲がなくなる

【〜と】の後ろに来る文は共通して、一般的にいつも変わりなく起こる事実を述べる文です。ですから「桜が咲く」「暖かくなる」などの自然現象を表す文が来ることが多いのです。ほかにも「水は100℃になると沸騰する」や「水素と酸素が結合すると水になる」などのように、ある条件のもとで常に成り立つと考えられる法則を表す文もきます。また、2のように個人的なことであっても「お酒を飲む」と例外なく、いつも「顔が赤い」状態になる時には使います。

STEP 2

【〜と】はいつも誰がやってもそうなる現象や事象を述べる時に使うので、この項目の導入には「電気製品の使い方」や「道案内」などがよく使われています。ですから、1の場合はマニュアルの文章や、誰かに「赤いボタンを押すとお湯が出る」という電気製品の一通りの操作手順を淡々と説明している場面などを設定します。

一方の「〜ば」は、一癖も二癖もある表現です。【〜と】に比べて話す人間の感情や評価が表れます。例えば、2ではその前提として「お湯が出ない！」と言っている人が想像できます。しかし、1にはそれがありません。2はお湯が出なくて困っている人に「押しさえすれば出るんですよ」と親切にアドバイスしている姿か、あるいは「押せばいいのに、なぜ押さない」とイライラしている姿が思い浮かべられます。いずれにしろ、ポットを使っている人に「押す」か「押さない」かの選択肢があるという共通項があります。

別の例をもう1つ。「この道をまっすぐ行くと、博物館があります」と言うと、単なる博物館の行き方を道案内している場面ですが、「この道をまっすぐ行けば、博物館があります」と言った時には、「でも、山のほうに行けば、きれいな公園があります」などと、色々な観光スポットを紹介しながら町全体の様子を説明している場面を設定するとよいでしょう。

~と

::::: STEP 3 :::

　「暑いです」「行きたいです」の代わりに「夏になると暑く<u>なります／海へ行きたくなります</u>」に変えるとしっくりきます。なぜなら【～と】の後ろは、ある条件が成立すると、「必然的にそうなる」という成り行きを表す文、あるいは、その条件の成立がきっかけや刺激となって、いつも必ず起きる変化や展開を表す文がくるからです。例文の「行きたいです」は変化ではないので不適切ですが、「行きたくなります」とすれば自然な心情の変化となり、文の意味のバランスがとれます。

　また、このほかにも「歯を磨かないと、虫歯になるよ」や「よい子にしていないと、お父さんに怒られるよ」のように「～しないと～なるぞ！」と、すべきことをしない場合の当然の結末・成り行きを示し、脅し文句や警告に使うことができます。

　【～と】の導入には「そのスイッチをいれると電気がつく」や「このボタンを押すと音が大きくなる」など、操作方法の説明などがよく使われます。学習者には「春になると桜が咲く」のような文を導入で使うより、このような実利的な場面のほうが実感として理解しやすいでしょう。

世界の日本語教室から　〜カンボジア編〜

●●●●●●●●●●●●●●●●●●●●●●●●●●●●●

　1997、98年ごろ、NGOのソーシャルワーカーとして、プノンペンの町外れにある、子供のデイ・ケア・センターによく出張しました。最初の出張の時、カウンターパートのNGOに日本語が少しできるスタッフが１人いたので、どこで日本語を習ったのかと聞くと、「毎朝、仕事の前に先生の家へ行って勉強している」と言います。いったい、どういう環境で勉強しているのでしょう。興味を持ったので、見学をさせてもらえるよう頼んでもらいました。授業は６時からだというので、その日は５時に起きて先生の家へ伺いました。先生は若い女性です。居間の一隅にホワイトボードと世界地図が貼ってあって、そこで授業が始まりました。学習者は、プノンペン大学の工学部の学生、高校生、NGOのスタッフなど５、６人で、『新日本語の基礎』を使って真面目に勉強しています。一日に勉強する量は少ないですが、毎日コツコツと続けている様子でした。授業が終わってから、先生と自己紹介。これがＬさんとの出会いでした。この時Ｌさんは、プノンペン大学の生物学科の４年生。日本語の勉強は、専門の勉強の傍ら、大学付属の外国語センターで１年生の時からしているとのことでした。この後、私はＬさんの日本語クラスの同僚たちとも話す機会があったのですが、まず、彼らの発話に文法的な誤用が少ないのに驚きました。それから、少し落ち着いて観察すると、彼らの口から出てくる一文一文が、『新日本語の基礎』の文型にぴったりはまっているのに気が付きました。何か、めちゃくちゃハングリーに、ページを貪り喰ってきたような感じです。彼らは学習者であると同時に民間の日本語学校の教師でした。Ｌさんは卒業後、すぐに外国語センターの日本語教師になり、その後、国際交流基金の長期研修を受けるなどして力を磨き、今年４月からは都内の大学の大学院で日本語教育を専攻しています。個人的には結婚して一児の母となったので単身留学です。こんなに頑張って日本語を勉強している人が、世界中にたくさんいるのでしょうね。

～時／る時／た時   時間を「切り取る」言葉

:::::: STEP 1 ::

Q 次の１～３の【時】が表す時間の長さは同じですか。また、【時】を「ころ」か「場合」に言い換えられるものはありますか。

1．フランスに留学している時、よく美術館へ行った。

2．頭が痛い時、この薬を飲んでください。

3．あなたが電話をくれた時、私はお風呂に入っていました。

:::::: STEP 2 ::

Q 次のような文を学習者はよく作ります。なぜこのような文になるのでしょうか。

1．母の日の時、母にカーネーションの花束をプレゼントしました。

2．冬の時、よくスキーに行きます。

3．日本人は食べるの時、はしを使います。

4．ひまの時、映画を見ます。

:::::: STEP 3 ::

Q－1　（　　　　）の中で、適当なほうを選んでください。

1．（先月／来月）国へ帰る時、香水を買う。

2．（先月／来月）国へ帰った時、香水を買う。

3．（先月／来月）国へ帰る時、香水を買った。

4．（先月／来月）国へ帰った時、香水を買った。

Q－2　日本に留学している学生が「香水を買う」のはどこでしょうか。可能性のある答えをA～Dの中から選んでください。

1．国へ帰る時、香水を買う。　　→　（　　　　　　　　　）

2．国へ帰った時、香水を買う。　　→　（　　　　　　　　　）

A 新宿のデパート　　　B 成田空港の店　　　C 飛行機の中　　　D 自国のデパート

確認しましょう

⋯⋯ STEP 1 ⋯⋯⋯⋯⋯⋯⋯⋯⋯⋯⋯⋯⋯⋯⋯⋯⋯⋯⋯⋯⋯⋯⋯⋯⋯

　時間の長さに対する感覚は相対的なものです。例えば、1の「フランスに留学している」時は一般的に何年かに渡る長さを想像するのに対し、2の「痛い」時は長くても数時間のレベルになります。3の「電話をくれた」時になると、電話が鳴ったまさにその瞬間を表します。

　次に、【時】を「ころ」か「場合」に言い換えられるものはどれでしょうか。1、3は「留学しているころ」と言い換えることもできますが、2はできません。「ころ」はだいたいその時間という意味で、時刻や時期など時間を表す言葉と一緒に使います。それに対し、「場合」には「もし〜たら」という意味が含まれるので、2には使えますが、1や3のような過去の出来事と一緒には使えません。

⋯⋯ STEP 2 ⋯⋯⋯⋯⋯⋯⋯⋯⋯⋯⋯⋯⋯⋯⋯⋯⋯⋯⋯⋯⋯⋯⋯⋯⋯

　日付に関わるもの（母の日、結婚記念日など）や季節のように、その言葉自体に時間の概念が含まれるものには【時】をつけません。

　3や4は接続の間違いが原因の、いわゆる「ガイコクジンのヘンな日本語」の代表選手です。「クリスマス」や「夏祭り」のような名詞の後に【時】が続く時には「の」を挟んでつなげますが、この接続をあいまいに覚えているとこのように間違えます。

⋯⋯ STEP 3 ⋯⋯⋯⋯⋯⋯⋯⋯⋯⋯⋯⋯⋯⋯⋯⋯⋯⋯⋯⋯⋯⋯⋯⋯⋯

　Q−1　【時】を使った文全体の時制は、文末で表します。したがって、1、2の文は「来月」になり、3、4の文は「先月」になります。

　Q−2　こちらは【〜る時】と【〜た時】の違いがポイントになります。すなわち、「する」「した」の違いで、これはその行為が未然か完了か、ということを押さえる必要があります。学習者が混乱するのは、「する」「した」を時制と捉えてしまうためです。

　1の「帰る時」は未然ですから、自国に到着する前の時点、つまり、A、B、Cになります。2の「帰った時」は、「国へ帰る」行為が完了したので、自国到着後ですから、Dになります。たとえ、「国へ帰る（帰った）時、香水を買った」と文末が過去になっても、時の前の意味は、文末の時制に影響されることはありません。

　このように【〜る時／た時】は文中の時制が複雑に交差する場合があるので、教え

る際には次の点に注意しましょう。まずは文末の時制を固定することです。次に【〜る時】と【〜た時】が表す時点を、下のような絵を使い、視覚的に教えるとわかりやすいでしょう。

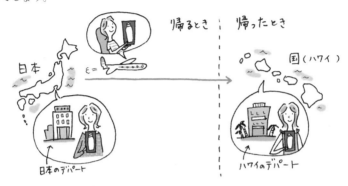

　さて、実生活で、もし学習者が「社長が帰る時に電話で知らせてください」と「社長が帰った時に電話で知らせてください」を間違えるとどうなるでしょうか。知らせる時間を正しく伝えたり、理解することができないことになり、仕事に支障が出るでしょう。したがって、この文型のポイントをしっかり押さえ、ひとつ間違えると大きな問題に発展する可能性があることを伝える必要があります。日本人でも、「する」「した」の違いを聞き違えることはありますが、重要な部分だと思う場合は、必ず「聞き返し」や「確認」をしているはずです。このことを思い出し、学習者にも、もしよく理解できなかった場合には前か後かを確認しなさい、とアドバイスすることが大切です。

　この例文をもう一度見直してみましょう。「国へ帰る時香水を買います」と言っても、実際に聞き手がわかるのは「香水を買って帰る」ということだけです。どこで買うかを知りたければ、「どこで買うの？」など話し手に確認して会話を進めていくのが普通です。このように、ひとつの文で正確にすべてを言い表していないのが、実際の会話の姿です。だからこそ、興味のある部分や必要な部分を問い返しながら、「会話」を成り立たせ、自分の必要な情報を取ろうとする……。それが私たちの実際の言語行動なのです。コミュニケーションというのはこのように段階を踏んで、いろいろなやり取りをして成り立つことを教師自身も見直して、日々の授業活動に役立てたいものです。

効果的なグループ学習　〜グループ分け編〜

●●●●●●●●●●●●●●●●●●●●●●●●●●●●●●●●●●

　会話のロールプレイ練習だ、プロジェクトワークだ、と、さまざまな授業形態が紹介され、そうした練習方法の本なども多く出版されています。しかし、いくら面白い材料を用意しても、グループ分けを失敗してしまうと、無惨な結果があなたを待っています。ではどうしたらいいのでしょうか。

　はっきり言って、これが万全！　という答えはありません。毎回の授業項目と教材、学習者の個性、気分、相性、教師との信頼関係など、さまざまな要因が影響するからです。ただ、練習の目的に応じたグループ分けをする、ということは有効であり、機械的に組ませた場合に比べると失敗は少ないといえます。

　たとえば、目的を日本語表現の定着とするロールプレイやペア練習の場合、レベル別（習熟度別）のグループ分けが適しています。通常、できる学習者とできない学習者を組ませがちなのですが、それをすると、どちらの側にとっても練習にならなくなります。できる側にとってはもとより、できない側にとっても精神的緊張が大きいのです。一方、レベル別にした場合、できるグループはお互いに刺激しあい、さらに様々な言い方を工夫し挑戦するようになり、また、できない方もマイペースでじっくりと学びあえるため、それぞれそれなりのスキルアップが図れるというわけです。

　これに対して、プロジェクトワークなど、様々な技能や役割を必要とし、集団としての総合的な学びを高めることを目的とする活動の場合は、逆にレベルや性格、リーダーシップの有無などをうまく配分したグループ分けが適しています。いずれの場合も、あまり固定的なグループにしないことも大切な要件です。もしグループが合わない場合は、それが即やる気の喪失につながってしまうことになるからです。

　ところで、チームワークが組めない学習者もたまに存在します。非常に学力が低い、やる気がない、対人能力が極端に欠けるなど、誰とも組みたがらないタイプです。この場合、クラスメイトに特別にその人の相手役を任命するという手があります。こうすると、活動目的がその学習者にとっては変わり、一種の使命感が芽生えるわけです（交替が必須なので、必ず複数必要ですが）。

　このようなことに気を配ってこそ、はじめてグループ活動は成功するのですが、それだけの高い効果が得られますので、ぜひ試してみてください。

何か／何が

何が聞きたいの？

:::::: **STEP 1** :::

Ⓠ 学校から帰ってきた息子と母親の会話です。次の会話は、間にひとつやり取りが
省略されています。それを考えてください。

息子：ただいま！　おやつ何かある？
母親：どらやきがあるよ。

:::::: **STEP 2** :::

Ⓠ Aさんが、旅先で知り合って友達になったBさんに「またいつか会おうね」と
言ったところ、「いつ？」と聞かれました。Aさんの心情は？

:::::: **STEP 3** :::

Ⓠ 【何か／何が】を導入する時、どちらの導入の仕方がわかりやすいと思いますか。

＜A＞　（家で：教師は男と女の二役をする）
女：う～ん、おなかすいた。
男：何か食べる？
女：うん、食べる。
男：何が食べたい？
女：すしが食べたい。

＜B＞　（箱の中に消しゴムを入れておく）
T：（箱を振ると音がする）ありますか。
S：はい、あります。
T：そうですね、何がありますか。
S：……わかりません、でもあります！
T：あります、でも何が？　わかりません。何かあります。

確認しましょう

::::: STEP 1

　おなかをすかせて帰ってきて「何かある？」と言った息子は、母親に何を聞きたかったのでしょうか。息子が確認したかったのは「食べる物がうちにあるかどうか」ですね。しかし、母親はそれを聞いて、おやつの有無ではなく「どらやきがあるよ」と答えています。ということは、この母と息子のやり取りには「(母親) あるわよ」「(息子) 何があるの？」というセリフが省略されているといえます。そしてこの会話を見ると、「何か～」が問うているのは「ある／ない」で、「何が～」が問うているのは「具体的な答え」だということがわかります。日本語話者にとっては省略しても意思疎通に問題はありませんが、学習者にとっては省略してしまった会話はなかなかわかりにくいものです。違いを意識させるためにも「何か／何が」の質問が、それぞれ何が聞きたいのか、何を聞いているのか、丁寧に段階を踏んで教えることが必要です。

::::: STEP 2

　〈疑問詞＋か〉は、「何か食べますか」「誰かいますか」などのように、YES／NOを知りたい質問文以外にも、「またいつか会おうね！」と言ったり、「あ～あ、どこか行きたいなぁ」などと独り言を言ったりする時にも使われます。「いつか会おうね」という時、私たちは会う日を決めようと思っているわけではなくて、「また会いたいね」という気持ちを伝えたいのですが、そこで外国人に「いつ」と言われると答えに窮してしまいます。授業でも「いつ会うか」という会話につながる表現ではなく、いつになるかわからないけれど「またきっと会おうね」という意志確認につながる会話として練習すれば、「会おうね」と言ったのに誘ってくれない、日本人はうそつきだ、というような誤解は避けられるかもしれませんね。

::::: STEP 3

　導入する時の注意点として、【何か】と【何が】の違いをしっかりとおさえる必要があります。そのためには導入Bのように箱や物を用いて、視覚的にわかりやすいものから紹介するとよいでしょう。【何か】と【何が】の違いが理解できた後で、Aのような実用的な会話練習に移行しましょう。

～なら 話し手が持っている選択肢

::::: STEP 1 :::

Q 次の絵を見て、会話1、2に対応する絵をそれぞれ選んでください。

1．A：いいカメラ、買いたいんだけど……。
　　B：どんなのがいいの？　安いのが買いたいなら、X社かな。でも、デザインにこだわるならY社。機能重視ならZ社かな。
2．A：そのカメラ貸してくれない？
　　B：これはちょっと。でも、こっちのならいいよ。

::::: STEP 2 :::

Q 「安いカメラならX社」のような〈名詞＋なら〉は「安いカメラだったら」のように「～たら」に置き換えられます。そのため学習者は〈動詞＋なら〉の場合も置き換えられると考え、次のような誤文を考えます。どう説明したらいいでしょうか。

安いカメラを買ったら、X社。

::::: STEP 3 :::

Q 次の会話の中で、下線部(1)、(2)にはどんなセリフが入りますか。

A：(1)＿＿＿＿＿＿＿＿＿＿＿＿＿＿＿＿＿＿＿＿＿＿＿。
B：フランスへ行くなら、フランス語を勉強したほうがいいよ。
A：(2)＿＿＿＿＿＿＿＿＿＿＿＿＿＿＿＿＿＿＿＿＿＿＿。
B：あ〜。それなら、この学校がいいですよ。

確 認 し ま しょ う

::::: STEP 1 :::

　1の会話に出てくる「いいカメラ」とはどんなカメラでしょうか。あなたはどんなカメラをイメージしますか。デザイン、機能、値段の安さ、ブランド、軽さなど「いいカメラ」の条件が浮かびますが、「いいカメラが買いたいんだけど」と言われたら、あまりに幅の広い質問にあなたは返答に困るのではないでしょうか。そこでaの絵のように「いいカメラ」の条件である値段・デザイン性・機能性などの選択肢の中から「仮に『安さ』という条件をつけるならX社」と、条件を例示して話す時に【〜なら】を使います。

　では、2の「なら」にはどんな機能があるでしょうか。2ではbの絵のように「このカメラ」に代わる案を「仮に『こっちのカメラ』なら貸す（けど、どうかな）」と提案しています。【〜なら】にはほかにも用法がありますが、ここではこの「例示」と「代案」の2つを取り上げます。【〜なら】を教える時は一緒にせずに分けて教えましょう。

::::: STEP 2 :::

　【〜なら】を教えると、学習者から「〜たら」に換えてもいいかと聞かれることがあります。確かに「安いカメラならX社」という文は「安いカメラだったらX社」に置き換えることができます。どちらもカメラを買いたいという人に「X社がいい」と例示する機能があり、私たちも普通に使っています。しかし次の例文1の〈動詞＋なら〉は例文2のように「買ったら」に置き換えることはできません。

（例1）　　安いカメラを買うならX社がいいよ。
（例2）×　安いカメラを買ったらX社がいいよ。

　なぜ動詞の場合は置き換えられないのでしょうか。「安いカメラを買ったら」の後に続くのは「すぐ壊れてしまった／たぶんすぐ壊れるよ」のように、買った後起きると予想されることを表す文になります。一方「安いカメラを買うなら」は〈安さ〉という条件に合ったカメラを例示する表現なので、使う場面も文の持つ機能も違います。この違いを学習者に説明する時は、それぞれ使う場面を出して説明しましょう。

　それでも、どうしても「〜たら」が使いたいという学習者がいたら、「安いカメラを買うの（ん）だったら」という文を教えてもいいでしょう。この「〜の（ん）だったら」は相手の「安いカメラを買う」という文を受けて、「買うという状況だったら……X社

がいい」と例示して話すので【〜なら】と同じ機能になります。実際には初級でここまで教えることはありませんが、教師は「〜の（ん）だったら」に置き換えられることをおさえておきましょう。

::: **STEP 3** ::

(1)には「今度フランスへ行くんだ！」、(2)には「いいフランス語の学校はない？」などが入ります。通常【〜なら】は相手の言ったことを受けて話す時に使うので、Aさんがフランスについて話したり、フランスのガイドブックを読んでいるのをBさんが見ることもなく、Bさんがいきなり「フランスへ行くなら」と会話を始めると不自然になります。

教える時も自然な文脈の中で「フランスへ行くなら」を出しましょう。例えば、「日本でしたいこと」を学習者に聞き出し、クラス全体でしっかり地ならしをします。その後で「相撲が見たい！」という意見を言わせ、教師は「相撲？　相撲を見るなら……」とアドバイスを与える、というやりとりを繰り返していくというのもひとつの方法です。

グループ学習　〜教室活動編〜

●●●●●●●●●●●●●●●●●●●●●●●●●●●●●●●●●●●●

　以前、媒介語（英語）を使って日本語を教えていた時、「文法プレゼンテーション」という教室活動を試みたことがあります。これは学習者に次の課で勉強する文法項目を調べてきてもらい、ほかの学習者に説明をするタスクです。発表者は2人1組で日本語の文法について英語でのプレゼンをしてもらいました。この文法プレゼンを行うことで色々なメリットがありました。

- ・自分達の仲間が発表するので熱心に聞く。
- ・自分達の仲間が発表するので、アヤシイ発表者がプレゼンする時は、自分が担当していない文法項目でもみな予習してくる。
- ・自分達の勉強に責任を持ち、能動的に日本語を勉強する姿勢ができる。

　中には自分の担当する文法項目だけでなく、ほかの類似表現との比較や英語の表現との比較をしたり、能動的すぎて（？）15分の短いプレゼンのはずが脱線の脱線で伸び伸びになったこともありました。

　なかなか実りの多い活動でしたが、どのクラスでもこれが出来るわけではありません。この文法プレゼンという試みが出来たのはいくつかの条件がクリアされたからだと思います。例えば次に挙げるものです。

- ・学習者には教科書に付随する文法説明書を配布してあったので、それを使い予習できた。
- ・学習者、教師ともに媒介語でコミュニケーションがとれる能力と授業計画があった。
- ・学習者が、文法のようなシステマティックな学習を好む傾向にあった。

　教室活動には学習効果を上げるものという面と、学習の仕方を紹介するという面があります。普段、この勉強法を紹介するという面は注目されにくいものですが学習者の自律を促すと言うことでは考えていく必要があると思います。

～のに　　　いじいじ、ぶつぶつ使ってみよう

:::::: STEP 1 :::

A、Bどちらが正しいですか。

　たくさん食べたのに（A まだ足りない／B おなかがいっぱいだ）。

　あんなに勉強したのに（A ０点だった／B 100点だった）。

どちらの答えもAですね。このように、予想と違う結果になった時に使う逆接表現の一つとして【～のに】があります。

Ｑ では、次の文は何が違いますか。「～けど」と【～のに】にはどんな意味的な違いがあるのでしょうか。

　1．明日試験があるけど、何も勉強していない。

　2．明日試験があるのに、何も勉強していない。

:::::: STEP 2 :::

Ｑ「～ても」も【～のに】と似た状況で使われる表現です。使い方はどう違いますか。

　1．一時間待っても、彼は来なかった。

　2．一時間待ったのに、彼は来なかった。

ヒント：1と2、彼への非難の気持ちが表れているのはどっち？

:::::: STEP 3 :::

Ｑ 会話の下線部を考え、イントネーションや表情に気を付けて読んでみましょう。「のに……」の「……」にはどんな言葉（気持ち）が込められているでしょうか。また、Bの言葉に対するその後のAの反応も考えてみましょう。

　1．A：ごめん、ごめん。

　　　B：30分遅刻だよ。＿＿＿＿＿＿＿＿＿＿＿＿＿＿＿のに……

　2．A：さあ、行こうか。

　　　B：え、もう？＿＿＿＿＿＿＿＿＿＿＿＿＿＿＿のに……

以上を踏まえて、【～のに】を効果的に使った会話文を考えてみましょう。

確認しましょう

::::: STEP 1 :::

　「AけどB」はAの内容とBの内容が単に反対のことを表し「A。でもB」という形でも言い換えられます。すなわち1は「試験がある。でも勉強していない」となるわけです。一方、2は「試験がある→試験前くらいは勉強しなくてはいけない、もちろん勉強するに違いない→全然していない」というように、常に背景には期待やこうなるべき、こうするべきだという考えがあります。それが覆され、「予想外だ、信じられない、おかしい！」と感じた時に【〜のに】を使うわけです。

　例えば「疲れているのに全然眠れない」という文では、疲れているから普通は眠れるはずだという期待があります。でもその期待に反して寝ることができないのです。このような文では「AけどB」よりも「AのにB」を使ったほうがしっくりくるのではないでしょうか。反対にそういった期待や考えがなく、ただプラス・マイナス反対のイメージなどを述べる場合などは前後の因果関係がなく、【〜のに】は使えません。

　（例）このパソコンは使いやすいけど、高い。

::::: STEP 2 :::

　どちらの文も、長い時間待ち続けている状況は同じです。しかし、やはり【〜のに】は、行動というよりは期待に反して彼は来なかったという、残念がっている気持ちが強く表れています。「〜ても」を使った場合は、ずっと待ち続けているという行動自体に焦点があるようです。同様に「走っても間に合わなかった」「走ったのに間に合わなかった」の2つの文でも、前者はたくさん走ったことに焦点が置かれていますが、後者は間に合わなかったことに対する残念な気持ち、あるいは悔しい気持ち……、とにかく「信じられない！」という気持ちが強く表れているように感じませんか。

::::: STEP 3 :::::

STEP1、2で述べたように、【〜のに】は英語に限らず母語に直訳できないことが多く、「〜けど」「〜ても」と混同しやすいため、使いこなすことが難しい文型の一つです。【〜のに】とほかの逆接表現との決定的な違いは、期待と反した結果に対して「信じられない」「おかしい」という話し手の失望や驚きを暗に表現できる点です。その効果を実感できるような練習を心掛けましょう。

例のBさんは文末まで言っていませんが、【〜のに】の性質上、それだけでBさんの不満をそれとなく伝えています。このように、日本語では最後まで文を言わないことも多いので、学習者には【〜のに】の後ろにどんな文がくるか考えさせ、文を言わなくても期待が外れたことに対する残念な気持ちがあることを想像させましょう。

では、そうした気持ちを込めた場合、Bさんのイントネーションや表情はどんなでしょうか。はっきり不満を言い、深く反省してもらいたい。でも言えない。おそらく、もじもじ、いじいじ、ぶつぶつと「のに……」を使って遠まわしに不満をアピールしていることでしょう。その気持ちを察したかどうかで、次のAさんの返事も変わってきますね。こうした話し手の感情にも気を配り、会話練習を活き活きとしたものにすることが大切です。

1． A：ごめん、ごめん。

B：30分遅刻だよ。<u>今日は遅れないって言ってたの</u>に……（また遅刻？　信じられない！）

（察した　　　A：本当にごめんなさい。今日はごちそうするよ）

（気付かない　A：ああ、そうですか。そんなこと言いましたか）

2． A：さあ、行こうか。

B：え、もう？　<u>まだ何も決めていないの</u>に……（決めてから行動しようよ！）

（察した　　　A：そうだね。じゃあもう少し考えようか）

（気付かない　A：そう？　じゃあ早く決めて）

（例）A：実は今日、友達も一緒なんだ。

B：えー、（<u>今日はデートな</u>）のに……（どうして友達なんか……信じられない！）

グループ学習のススメ　〜ロールプレイ編〜

●●●●●●●●●●●●●●●●●●●●●●●●●●●●●●●●

　「ロールプレイ」とは「役割を演じる」事です。設定された状況や場面で、課題を達成することが目標となります。その設定は、次のようなカード（ロールカード）で指示します。役の中では学習者は自由に会話ができる、つまり、どんな文型、表現を使うかは学習者次第です。教師の役割は、彼らがどんなストラテジー（非言語部分を含む）を使ってゴールするかを観察し、的確なフィードバックを与えることです。

　（ロールカード例）

A.もうすぐ友だちのCさんの誕生日です。Bさんとデパートに行ってプレゼントを買いましょう。あなたの予算は2000円ぐらいです。Cさんはとてもおしゃれな人です。	B.もうすぐ友だちのCさんの誕生日です。Aさんとデパートに行ってプレゼントを買いましょう。あなたの予算は1500円ぐらいです。Cさんは最近引っ越しました。

　この活動は目標達成までの過程自体が実際のコミュニケーションと同じ意味を持つので、学習者に自分の役割を正しく理解させることがポイントです。しかし、ここが最大の難所なのです。欧米系の学習者はこういったコミュニカティブな練習に慣れていることが多く、役に入り込み課題達成以外にも様々なコミュニケーションを取ろうとします。が、アジア系の学習者、特に中国人学習者などはロールプレイの主旨自体が理解できず、渡したロールカードをそのまま読み上げたり、活動に加わらなかったりします。思えば私たち日本人も、この種の活動は苦手ですよね。気恥ずかしさを感じます。

　成功のコツは、役に入り込むきっかけの提供です。例えば役に性別を設け、これを実際とは逆にします。「発表するのは恥ずかしいけど、これは自分じゃない」と、開き直って演じてきますよ。また小道具も効果的。レストランや旅行社の会話では、メニューやパンフレットひとつでグッと雰囲気が出ます。

　もちろん毎回これらの工夫が功を奏するとは限りません。女性役は絶対嫌だと言う学習者や、せっかくの小道具を弄ぶ学習者も……。予想される拒否反応を回避しつつ活動を〈意味あるもの〉に、かつ学習者の〈創造性〉を引き出すべく、活動を現実世界に繋げる努力が、教師には求められるのです。

〜ば　　裏のメッセージもある言葉

:::::: STEP 1 ::::::

Q 下線部にはどんな文が入りますか。例を参考にいろいろいれてみましょう。

（例）お給料がよければ、職場が近ければ……

＿＿＿＿＿＿＿＿＿＿＿＿＿＿＿＿＿＿＿＿＿＿ば、このバイトがしたいです。

:::::: STEP 2 ::::::

Q 「安ければ、買います」は「安かったら、買います」で言い換えられるので、学習者からその違いについてよく聞かれます。この２つの違いをどのように教えたらよいか考えてください。

:::::: STEP 3 ::::::

Q あなたはパーティーの幹事です。パーティーの招待客から「時間があれば、行きます」という返事を受け取りました。あなたはこの人がパーティーに出席すると思いますか。それとも欠席すると思いますか。

確認しましょう

:::: STEP 1 :::

　どんな文が入りましたか。「時給が高ければ」「正社員になるチャンスがあれば」「福利厚生がよければ」など、バイトを選ぶ時の条件が入ったのではないでしょうか。どんなにバイトをしたがっている人でも、決める時は「給料が20万円以上じゃなければ嫌だ」など、基準となる条件があります。「バイトをする」ということを成立させるために条件が必要になるのです。

:::: STEP 2 :::

　【〜ば】と「(もし) 〜たら」はどちらも仮定条件を表し、【〜ば】でも「〜たら」でも意味の違いをさほど感じない場合もあります。しかし、初級の学習者に教える場合「どちらを使っても構わない」と言ってしまうと、かえって混乱させてしまいます。ですから、その違いがはっきりわかるように、あえてそれぞれの意味領域を限定することが必要です。

　「〜たら」と比べると、【〜ば】のほうが話し手の気持ち、意図が感じられませんか。【〜ば】を使う時、話し手には「そうじゃなければ……」という逆の状況も頭において話しています。例えば、店で客が「安ければ買う」と言った場合、当然裏を返せば「安くなければ買わない」「安くしろ」というメッセージを伝えているわけで、売り手もそのメッセージを受け取ります。一方「安かったら買う」にはもっと単純に「安い場合は買う」とだけ伝えている印象を与えるでしょう。

::::: STEP 3 ::

　「時間があれば行きます」と言われたら、よほど言い方がポジティブでない限り、日本人ならこの人はたぶん来ないだろうと予想します。忘年会などの幹事であればシビアに考えますから、この人は人数から除外するでしょう。来るかどうか本当に確かめたければ、「いつごろはっきりする？」などと追求するはずです。

　ところが、われわれ日本語の教育現場では意外にこれを「50％・50％の可能性だ」などと教えていることに気付きます。確かに字義的にはどちらの可能性もあると取れる表現ですが、実際自分の言語行動を振り返ってみると、「行かない」という本心を包んだ表現だということがわかるはずです。これからのコミュニケーション教育を考えると、今後はこうした実際の言語生活をよく観察し、考察していくことが学習者の言葉による異文化摩擦を防止する一助となるのではないでしょうか。

　さて、学習者が実際誰かに「時間が<u>あれば</u>、行きます」と言われた時、「時間がなければ、行かない」という逆のニュアンスも感じ取れれば、その人が来ることをそんなに期待することもないし、仮に来られなかったとしても約束を破られたとショックを受けることも少ないかもしれません。また「じゃあ、来られるようだったら、前の日までに電話してね」とコミュニケーションを続けることもできます。

　しかし、ここで気を付けたい点は、これを日本語特有の「あいまいさ」だと、教師自らステレオタイプを学習者に植え付けないようにすることです。このような表現はどの国にもあります。こう言われた時、どう受け取ればよいのか学習者に考えさせたり、「どうぞ、無理をしないでください」という応答例を紹介するなどして、このチャンスにコミュニケーションのスキルアップをはかりたいものです。

日本語教師の必需品

●●●●●●●●●●●●●●●●●●●●●●●●●●●●●●●●●●●●●●

　ストップウォッチを首から下げて、「はじめまして！」。私が初めて本物の「日本語教師」に会った日のことです。なぜストップウォッチ？　何に使うの？　日本語教師はみんな持っているの？　もしかして時間に厳しい人？遅刻したら怒られたりするんじゃないか……しばらく沈黙。

　いざ授業が始まってみると、最初の「厳しそう」という印象に変化が。「元気な先生だなぁ」と思うようになりました。夜の授業にもかかわらず、先生はいつも元気で疲れている様子は全くありませんでした。一方私たち受講生は、会社員など昼間にも仕事をしている人がほとんどで少々疲れ気味。それでも、先生が一歩教室に入るとどんよりとした雰囲気はどこへやら。疲れも忘れてドリル練習に夢中になるのでした。毎回先生のその雰囲気に乗せられて、何となくこちらも元気になるのです。とても不思議でした。

　実習が始まり、私たちにも「学習者」ができました。ある雨の日、「辞書形」授業の実習でのこと。その日の授業は、私のテンポの悪さ、難しい項目、悪天候とで、教室の空気が重く本当に苦しい一時間でした。それを先生に話すと、「天候も学習者の気分に関係する」とのこと。だから先生は、雨の日は特に教室の温度を調節しておいたり、学習者の気分を盛り上げたり工夫をしているそうなのです。そんなことにまで気を遣わないといけないのかぁ……と驚いた瞬間でもありました。

　そして、ついにあの謎が解けたのです。ストップウォッチの出番！　私たちは事前に教案を立てるのですが、その時間配分を考える際、ストップウォッチをスタートさせて自分の考えたセリフを実際に言ってみます。ドリルは、学習者10人を全員当てたら大体何分何秒……という具合に、細かく時間配分を決めます。誰からともなく、クラス中の人が100円ショップでストップウォッチを買い、気付けばほぼ全員持っていました（しかもみんな同じ物）。こうして日本語教師の必需品を手に入れ、本物に近付いていったのです。

　講座を修了した今でも、更なるストップウォッチの使い道に驚く日々。活用できるようになれば一人前！　とばかりに首から下げて日々奮闘中です。例えば練習やゲームの時に。学習者の集中力・緊張感・臨場感が増し、使い道は多種多様！

～は ず　　　実は事実を知らないんです

:::::: STEP 1 :::

Q 次のＡ、Ｂ２つの文はどんな違いがありますか。場面や状況を想像してみましょう。

- １．Ａ　ゴキブリは死にました。
- 　　Ｂ　ゴキブリは死んだはずです。
- ２．Ａ　彼女はすぐ来るはずです。
- 　　Ｂ　彼女はすぐ来るでしょう。

:::::: STEP 2 :::

Q−1　下線部に入る文を考えてみましょう。

ゴールデンウィークだから、＿＿＿＿＿＿＿＿＿＿＿＿＿＿＿はずです。

Q−2　学習者が次のような文を作りました。この間違いをどうやって説明しますか。

「ゴールデンウィークだから、私は旅行するはずです」

:::::: STEP 3 :::

Q−1　あなたなら、どちらの魚を食べますか。それはどうしてですか。

Ａ　この魚、新鮮だから食べてみて！
Ｂ　この魚、新鮮なはずだから食べてみて！

Q−2　会話を完成させましょう。

あなた：＿＿＿＿＿＿＿＿＿＿＿＿＿＿＿＿＿＿＿。
友　人：新鮮なはずだよ。＿＿＿＿＿＿＿＿＿＿＿＿＿＿＿＿。
あなた：えぇ？＿＿＿＿＿＿＿＿＿＿＿＿＿＿＿＿＿。

確認しましょう

⠿⠿⠿ STEP 1 ⠿⠿⠿⠿⠿⠿⠿⠿⠿⠿⠿⠿⠿⠿⠿⠿⠿⠿⠿⠿⠿⠿⠿⠿⠿⠿⠿⠿⠿⠿⠿

　　自分の考えや判断を述べる表現はたくさんあります。「行きます！」「行くかもしれません」「行くでしょう」「行くようです」「行くはずです」……すべて初級で学習する表現ですので、学習者にこれらの違いを聞かれることもあるでしょう。もし聞かれたら、みなさんはどうしますか。ここではその中の【〜はず】を中心に考えてみましょう。

　　1．ゴキブリを叩いたスリッパを上げるとそこには死体が……。ゴキブリは「死にました」ね。では、もしスリッパを上げて見なかったら？　あなたは死体を見ていない。でも、ゴキブリは逃げていないし、何回も叩いた。死んでいなかったらおかしい、「死んだはずだ」と言うでしょう。【〜はず】は主観的な根拠から確信していること、つまり、

　　①事実は知らない、未確認だが

　　②自分の経験や知っている情報から考えて

　　③とにかくその時点では自信があること

を表現します。個人的には自信があっても、それは主観ですから事実と食い違う場合もあります。そんな時は「〜はずだが／なのに」「〜はずじゃなかった」などと表現します。それに対して、「〜ようです」は実際見たり聞いたりして感じたことを表します。「死んだようです」は実際に動かないゴキブリを見て「死んだ」と感じたわけです。

　　2．「〜でしょう（だろう）」にはいくつか用法がありますが、ここでは未来を想像して表現しています。【〜はず】が現時点でそう信じているということに視点があるのに対し、「〜でしょう」はあくまでも未来に視点があるのです。そのため、このような表現はできません。

　　（例）×　彼女はすぐ来るでしょう。でも来ません。

　　　　　○　彼女はすぐ来るはずなのに、来ません。

　　【〜はず】の導入は、上記①〜③のすべてを満たしていないと、学習者はほかの推量表現と混乱してしまいます。今、事実は確認できないが「絶対こうだ！」と学習者が自信を持って発言できる状況を設定しましょう。

　　（例1：手品を見せて）

　　「コインは今、箱の中にあるはずです」

　　（例2：クラス全員が知っているほかの教師について）

　　「○○先生は結婚している／今日学校にいるはずです」

::::: STEP 2 :::

「ゴールデンウィークだから、どこもこんでいるはずです」

　実際のところはわかりませんが、自分の経験や知識をもとに、「ゴールデンウィークといえば絶対こうだ！」と確信していることを入れたのではないでしょうか。「絶対」とはいうものの、あくまでも事実はわかりません。ですから「ゴールデンウィークだから私は旅行するはず」など、自分の予定は言えません。ただし、予想外の結果は自分自身のことでもわかりませんから、「ゴールデンウィークだから旅行する<u>はずだったのに</u>、風邪をひいて寝込んでしまった」などは自分に対しても使えます。

::::: STEP 3 :::

　Q−1　本当に確信しているなら、Aのように「新鮮だ」と言うでしょう。一方、「新鮮なはず」は、①<u>事実は知らない、未確認</u>ですから、〈買ったばかり＝新鮮〉と考え、魚は見ていなくても言えるのです。理論上はＯＫ、と言われても食べるにはちゅうちょしてしまいますね。

　Q−2　話し手はどんな意図で【〜はず】を使っているのでしょうか。

あなた：この魚、ちょっとにおうよ。

友　人：新鮮なはずだよ。今朝市場で買ってきたんだよ。

あなた：ええ？　そう言われても……ちょっと嗅いでみてよ。

友　人：本当だ。新鮮なはずなのに……。

　事実を知らない（＝匂いを嗅いでいない）友人の言葉は、断言したいところでも【〜はず】を加えて自己弁護しています。そして事実がわかった今も「はずなのに……」と続けて、ちょっと負け惜しみを言っています。みなさんも【〜はず】を使って、あえて断言を避けることがありませんか。ちょっと意識してみましょう。

これであなたも絵が描ける!?

● ●

　日本語教師に求められるもの。教授技術から異文化調整能力まで、それはそれは幅広いものが要求されます。日本語教師を志す人々は、それらをコツコツと勉強していくわけです。

　ところが、どこの養成講座でも、あの教育能力検定試験でも扱っていない、日本語教師不可欠要素があるのです。それは……絵を描く能力です。私たち日本語教師が絵を描く場合はほとんど時間なんてかけられません。手早く、サッサッと描いて「！　あ～ぁ!!」とわからせなくてはいけないのですが、これが難しいのです。多少絵心のある人でも短時間で描くとなると、勝手が違ってきます。猫のつもりが犬になったり、ゴキブリの足が４本だったり……。ひどくなると、理解していた学習者まで混乱に陥れる恐れがある、非常に危険な場面です。

　一体、どうしたら上手に手早く絵が描けるようになるのでしょうか。

　実はいくつか秘訣があるのです。まず、似たようなものを描き分ける場合はその違いに着目し、そこをデフォルメすると効果的です。次に、そのターゲットだけではなくヒントになるものを描き沿えてあげると、グッと信憑性が増してきます。例えば水・ジュース・ビール・ワインなどをモノトーンで描き分ける場合。シンプルに液体の入ったコップを水とします。ストローとコースターを描き沿えればジュースに変身です。ビールやワインはその容器に特徴があるので、そこを描き分けていけば一発でわかりますね。

　それでも絵に苦手意識のある方は、「コップが描けない」などと宣います。それはもう、地道に練習してもらうしかないですね。

　最後にもうひとつだけコツを伝授します。普段から身の回りの物をよく観察する習慣をもつようにしてください。動物にも機械にも、道具類にも何かしら特徴があります。自分自身がなぜそれを見て「犬」と思うのか、識別しているポイントがいくつかあるはずです。そのポイントを中心に描いていけば、かなりイメージは伝わりやすくなりますよ。

ほしい／〜てほしい

人間の欲求！

:::::: STEP 1 ::

Q 人間の欲求は尽きないものです。「ほしい！」と願う気持ちは、誰でも持ったことがあるでしょう。では、次の下線部にあなたの欲求を書いてみましょう。

私は＿＿＿＿＿＿＿＿＿＿＿＿＿＿＿＿ほしいです。

私は＿＿＿＿＿＿＿＿＿＿＿＿＿＿＿てほしいです。

:::::: STEP 2 ::

Q 次の文は日本語としては不自然ですね。それはなぜでしょうか。あなたならどうやって直しますか。

1．私は<u>日本料理を食べるのがほしいです</u>。

2．彼は去年から新しい車を<u>ほしい</u>。

:::::: STEP 3 ::

Q 次の発言を聞いて、どう感じますか。同じ状況で、みなさんならどのように言うか考えてみましょう。

1．先生、お茶が<u>ほしいですか</u>。どうぞ。

2．（デパートで）

店員：いかがですか。よくお似合いですよ。

客　：うーん、<u>私はもう少し大きいのがほしいです</u>。

確認しましょう

::::: STEP 1

「お金がほしい」「新しい車がほしい」……【ほしい】は、話し手の願望・欲求を表す形容詞として、初級の初めに学習します。「お金」「時間」など、欲求として万国共通のイメージを持ちやすいものを導入に使うといいでしょう。一方、動詞のて形を加えた【〜てほしい】は、話し手がほかの人にある行為を望む場合に使い、「夫に家事を手伝ってほしい」など、〈(人)に〜てほしい〉という形になります。練習では、既習名詞にこだわらず、自由にほしいものを言ってもらうとクラスにも活気が出ます。どういうものをほしがるかによって学習者の個性・考え方・現在の様子が見えることもあります。学習状況の観察に加え、学習者の発言から学習者個人の情報を得ることも大切です（もちろん、プライバシーへの配慮は大前提です）。日ごろからそうした自由に発言できる雰囲気（クラス内の信頼関係）を作ることを心がけましょう。

::::: STEP 2

1は、正しくは「食べたいです」ですね。【ほしい】と「たい」の違いは、物を手に入れようと求めるのが〈名詞＋がほしい〉、行為の実現を求めるのが〈動詞＋たい〉と説明できます。【ほしい】導入の際は、「車」「家」など、目に見える物を中心に練習します。一方「たい」は日本料理が作りたいのか食べたいのか、どんな行為を求めているのかをはっきり見せましょう。2は、主語が「彼」という第三者なので不自然です。第三者の欲求を表す方法の一つに「ほしがる」があります（「〜たい／たがる」P.159参照）。ほしいという気持ちの継続を表すために「ほしがっている」という形でよく使われます。ここでも「車をほしがっている」が適当でしょう。【ほしい／〜てほしい】を導入・練習する際には、主語を「私」に固定し、第三者の話題を出さないようにしましょう。

::::: STEP 3

1で、日本語では目上の人に欲求の有無をストレートに尋ねることは失礼にあたります。この段階では難しい説明は避け、「お茶がほしいですか」よりも「お茶、いかがですか」が丁寧であることを提示し練習します。2も同様に、自分の欲求をストレートに表現すると時に子供っぽくなります。公の場面では「大きいのがほしいんですが……」などの遠回しな表現を使えるように練習しましょう。

名詞修飾

これで語彙説明ができるようになる！

:::::: STEP 1 ::

Q−1 下線部に適当な言葉または文を入れてみましょう。

これは＿＿＿＿＿＿＿＿＿＿＿＿＿＿＿＿＿＿＿本です。

Q−2 名詞修飾文を作る時、学習者はよく次のような間違いをします。どうしてだと思いますか。

「昨日、行ったのレストランはとても高かったです」

:::::: STEP 2 ::

Q−1 （　　　　）の中に助詞を入れましょう。

1．彼女（　　　）作った料理はとてもおいしいです。
2．これは彼女（　　　）作った料理です。

Q−2 学習者から次のような質問がありました。あなたはどのような説明をしますか。

1．「『彼女は作った料理がとてもおいしいです』はどうして間違いですか」
2．「『これは彼女が作った料理です』と『これは彼女の作った料理です』は同じですか」

:::::: STEP 3 ::

Q 名詞修飾文は難しい言葉を説明する際にとても便利です。例えば、次の言葉を初級の学習者にわかるように、やさしい言葉に言い換えてみましょう。

（例）帰国……帰国というのは国へ帰ることです。

1．翻訳……＿＿＿＿＿＿＿＿＿＿＿＿＿＿＿＿＿こと。
2．両替……＿＿＿＿＿＿＿＿＿＿＿＿＿＿＿＿＿こと。

確認しましょう

STEP 1

　どんな言葉を入れましたか。「日本語の本」「新しい本」「きれいな本」のように名詞や形容詞を入れたでしょうか。あるいは「昨日買った本」「○○さんに読めと言われたから読んでいる本」のように動詞を入れてもいいですね。このように、名詞の前にはさまざまな品詞がきます。名詞（この場合「本」）の前にいろいろな説明を加えた文を名詞修飾文といいます。

　では、詳しく見ていきましょう。名詞修飾文では、動詞だけでも「辞書形」（読むところ）や過去を表す「た形」（とった写真）、「～ている」の形（かぶっている人）などがあります。また「勉強しない人」「勉強しなかった人」などの否定形、過去の否定形なども名詞を修飾することができます。動詞の形の使い分けも大切ですが、もうひとつ気を付けなければならないのが名詞との接続です。

　学習者が「昨日行ったのレストラン」と「の」を入れてしまった理由は2つ考えられます。1つは母語の影響です。中国語の場合、「私の帽子」は「我的帽子」と書きます。「の」と「的」が同じ意味に使われていますが、中国語では動詞の修飾文にも同じように「的」が入るのです。（例：来的人都回去了－来た人はみんな帰った）このため、中国語話者はどんな名詞修飾文にも「の」を入れてしまいがちです。もうひとつは既習文法の影響です。学習者が最初に勉強した「イタリア料理のレストラン」というように、名詞修飾はすべて〈名詞＋の＋名詞〉と同じ接続をすると考えているのかもしれません。日本語の名詞修飾は、品詞によってルールが違います。一度すべての品詞をまとめて整理するといいでしょう。

名詞	日本語	の	本
い形容詞	おおきい	×	本
な形容詞	きれい	な	本
動詞（普通形）	借りた	×	本

　また、英語のように後ろから修飾するタイプの言語（例：a place I went）を話す人にとって、私が行った所のように前から掛かる日本語の名詞修飾文は慣れるまで意外と時間がかかり、なかなか使いこなせるようになりません。英語の名詞修飾文を勉強した時を思い出してみてください。名詞の後ろに修飾文が来て、同じような難しさを味わっ

たのではないでしょうか。日本語の場合、「私は行きました。その所は……」と言っても意味が通じるので、学習者にも意識されにくいのです。修飾部分を前にもってきて名詞にかける練習を、繰り返し行うことが大切です。「これは本田さんにもらった本です」「これは新宿で買った本です」という形ができるようになったら、「本田さんにもらった本は面白いです」「私は新宿で買った本を彼女にあげました」というように、文中のいろいろな部分に組み込めるように練習しましょう。

STEP 2

「象は鼻が長いです」という文に代表されるように、日本語では文全体に掛かる大きいトピック（主題）には「は」を、部分を示す小さいトピックには「が」を使います。文の中に入ってしまっている名詞修飾節には「が」が使われるわけです。

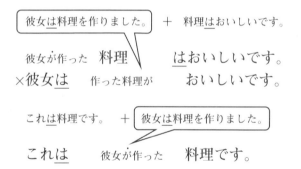

また、後ろに名詞があるため、（　　　）には「彼女が作った料理」または「彼女の作った料理」とも言うことができます。ただし、もともと「の」は名詞を修飾する時に使う助詞ですから、修飾文が長すぎて名詞から離れると不自然になったり、意味が曖昧になるので使えません。

（例）×　彼女の材料をアメリカで買って来て作った料理　（彼女の材料??）

::::: STEP 3 :::

　名詞修飾文を学習した後は、授業の中でも積極的に使うようにしましょう。例えば「ハサミ」という単語が知りたい時は、「『scissors』は何と言いますか」と母語を使わずに、「紙を切る物は何と言いますか」と名詞修飾文で質問するように普段の授業から促しましょう。

　また、名詞修飾文を使えば教師からの語彙の説明もしやすくなります。しかしここで注意が必要です。STEP3であなたが考えた説明には、ひとつの文の中に名詞修飾がいくつも出てきませんでしたか。例えば、「翻訳は、外国の作家が書いた本を日本人が書いたように日本語に直して書くこと」というように。教え始めたばかりの教師は、説明の時とてもゆっくりと話す傾向があります。それは一見わかりやすそうですが、内容は名詞修飾を多用した複雑な文であることが多く、結局学習者には難しい印象を与えているということがあります。「ゆっくりよりも簡単に！」を心がけましょう。

　問題文の言い換えとしては、１．外国語の文を日本語で書くことです、２．大きいお金を小さいお金にかえることです。例えば1,000円を100円10枚にかえます／円をドル（外国のお金）にかえることです、などと説明できるでしょう。

もう／まだ

もう完了？ まだ継続？

:::::: STEP 1 ::

Q 【もう】と【まだ】を使った次の文は、意味から考えて2つの種類に分けること
ができます。どのように分けられますか。

1．A：部長、昼ご飯はもうお済みですか。
　　B：うん、もうとっくに食べちゃったよ。

2．A：マヨネーズ、もうなくなっちゃった？
　　B：いいえ、まだありますよ。

3．A：まだ痛みますか。
　　B：いえ、もうすっかりおさまりました。

4．A：吉田さん、なかなか来ないからもう出かけましょうか。
　　B：そうですね、先に行っていましょう。

5．A：まだ降っている？
　　B：うん、まだ降っているね。

:::::: STEP 2 ::

Q 「いいえ」と答える時、学習者はこのように言うことがあります。「食べていませ
ん」となおさなくてはいけないのですが、理由をどう説明したらいいでしょうか。

T：もう昼ご飯を食べましたか？
S：いいえ、まだ食べません。

:::::: STEP 3 ::

Q いつどんな状況で誰に「昼ご飯はもう食べましたか」と聞きますか。

ヒント：時間は何時ごろですか。12時前ですか。どういう人に聞きますか。午後に同じ会
　　　　議に出る人？

確認しましょう

::::: STEP 1

　【もう／まだ】は2つに分けられます。タイプⅠは「もう完了？」と聞く場合で、行為、状態が〈完了〉したことを表し、例文は1、2、4がこれにあたります。「もう〜ましたか」のように過去形と一緒に用いることが多いのですが、「誰かを待ちくたびれて、出かけようとしている人」になら「もう出かけますか」のような問いかけも可能です。それは、〈その人を待っている（出かけていない）〉という状態は〈完了〉したと考えるわけです。

　一方3、5は「まだ継続？」と聞くタイプⅡです。「まだ痛いですか」というのはどういう状況で言われるか考えてみましょう。痛がっている人を見て、いきなりこのようにたずねることはないですね。痛がっていることを知っていて、「痛い状態はさっきから同じですか。変化がありますか」といった意味で使われます。その状態が〈継続〉している場合は「まだ痛い」となり、その状態に〈変化があった〉場合には「もう痛くありません」となるわけです。「もう大丈夫です」「もう痛くなくなった」「もうだいぶよくなりました」も同様に可能です。【もう】の後ろには様々な表現が使えることにも注意しましょう。

::::: STEP 2

　どうして間違えたのでしょうか。学習者の中には「いいえ、まだ」と言えば「〜ません」という否定形が入ると機械的に覚えてしまう人がいます。これまでは「食べましたか」という質問には「いいえ、食べません」と答えてきたので、【もう／まだ】がついてもそのように答えてしまうわけです。学習者に説明する時には「食べません」と「食べていません」を比べて説明してもいいかもしれません。「食べません」は「お腹がいたい」とか「お腹がすいていない」といった理由で、「食べる意志がない」ということを表します。一方「食べていません」は、本人は昼ご飯を食べたくても忙しいなどの事情でお昼を過ぎてもまだ「食べていない」状態が継続しているので、「食べていません」となります。日本人に「もう食べましたか」と聞かれて「いいえ、食べません」と言ってしまうと、日本人は「??」となり会話は中断してしまうかもしれませんね。相手にどのように受け取られるかということも授業の中で伝えたいものです。

::::: STEP 3 :::

　「完了／もう」の導入時には、状況設定に【もう】をつける必然性が必要になります。「昼ご飯を食べましたか」ではなく「もう昼ご飯を食べましたか」になる設定はどんな設定でしょうか。

　まずポイントとなるのは〈時間〉です。その状態になると期待される時間、この場合で言うと、昼ご飯を食べる12時ごろという〈基準になるべき時間〉があります。その時間を過ぎると〈昼ご飯を食べた〉という状態になっているかもしれない、そのことを確認している文なのです。午後一緒に仕事をする予定があるとか一緒に食べに行きたいと考えていたら、相手が既に〈昼ご飯を食べた〉状態かどうかが気になりますね。12時という基準の時間を過ぎてからそれを確認する場合、「もう食べましたか」とたずねることになります。基準となる12時より早い時間、例えば11時半ごろに同僚がつまようじなどをくわえて外から戻ってきた場合にも「もう食べましたか」と言えると思いますが、それは基準時間より早いことにびっくりして確認している感じになるので、【もう】の部分を強調して言うとわかりやすいと思います。

　ちなみに「昼ご飯を食べましたか」というのは、晩ご飯をいやにガツガツ食べている人にも言うことができますね。導入時には【もう／まだ】を使わなければいけない場面を設定することが、学習者に混乱させないようにする為に大切なことです。

ボールの威力

● ●

　養成講座を修了して併設の日本語学校に採用となり、教務室で目にする教材の中で最も私の目を引いた物……。それは、ドッジボールぐらいの大きさのボールでした。

　「一体何に使うんだろう？」注意して見ていると、初級の担当者がよく使用しています。「初級で使うのか。なるほど。でも、どうやって？」しばらく私の頭上のクエスチョンマークは消えませんでした。

　しかし、その謎が解明される時がきたのです。先輩の授業見学に入った時、そのボールの威力を目の当たりにしました。

　数字を導入し、合唱やらチェーンドリルを済ませた後です。教師がおもむろにボールを取り出し、「1！」と言いながら学習者にパスをしました。その学習者は「2！」と言いながらほかの学習者にパスをし、それを受け取った学習者がさらに……。というようにランダムなチェーンドリルが始まったのです。

　数字を勉強する学習者の日本語レベルはまだまだで、教師の指示で授業のほとんどが成り立ちます。それが、ボールを利用することで難しい指示なくして、学習者主体の活動へ導くことが可能になったのです。

　ボールのドリル効果はまだあります。チェーンドリルは単調になりがちなのですが、ランダムにパスをすることでよい意味で緊張が生まれます。学習者も自ずと集中します。

　発展形としてはQA練習にも使えますが、2、3注意点があります。

・ボールは手ごろな大きさのものを選ぶこと（ドッジボール大が最適）
・ボールを投げる前にクラス全員が教師に注目していること
・上からの投げおろしは禁止

　以上の3点を守らないと、ボールが小さすぎて取れなかったり、ノートに書いている学習者の頭にボールが直撃したり、乱闘になったりします。

　注意点を守って(？)楽しく効果的に勉強しましょう。

～ように／ために　　他力本願か自分でやるか

:::::: STEP 1 ::

Q 次の絵は金メダルを目指しているオリンピック選手の様子です。A）神社で、B）
スタートラインで、それぞれどんなことを心の中で言っていると思いますか。【ように】【ために】を使ってセリフを考えてみてください。

:::::: STEP 2 ::

Q 次のような場合、【ように】と【ために】、どちらを使いますか。

　　1．車を買う（ように／ために）貯金している。
　　2．病気が治る（ように／ために）手術をする。
　　3．女優になる（ように／ために）上京する。
　　4．試験に受かる（ように／ために）がんばる。
　　5．日本語が上手になる（ように／ために）勉強してください。

:::::: STEP 3 ::

　　A：どうして日本へ来ましたか。
　　B：日本語を勉強するために来ました。

Q この会話を練習した学習者が「『何のために日本へ来ましたか』のほうがいいと思
います」と言ってきました。どう対応すればいいでしょうか。

確認しましょう

CHAPTER 3

〜ように／ために

⠿ STEP 1 ⠿

　神社でおさい銭を投げ入れ、スズを鳴らして手をパンパンたたいて「金メダルがとれますように」。心の内は不安でいっぱい、苦しい時の神頼み、どうかお願い、という時、日ごろ足を向けない神社へ行ってお祈りします。「〜ますように」と。ここに【〜ように】の大きなヒントがありそうです。そのキーワードは〈不安〉〈困っている〉〈お願い〉〈ほしい〉など。

　一方、スタートラインにいる選手が見つめるのはゴールのみ。そこに思い描くは、1位でゴールを切る自分の姿。今頼れるのは自分だけ。「よし、やるぞ。金メダルをとるために走るんだ」はっきりした目標を持ち、それを目指して行動する、そんな時【〜ために】を使います。

⠿ STEP 2 ⠿

　1．車を買うために／車が買えるように、2．病気が治るように／病気を治すために、3．女優になるために／女優になれるように、というようにちょっとした言い換えでどちらも言えてしまうため、学習者にとっては頭の痛い項目です。また、4、5のような文の場合、日本語話者でもどちらも言ってしまうことがあるのではないでしょうか。誤文を少なくするためにはあいまいな文は避けて練習することが重要です。

⠿ STEP 3 ⠿

　「何のために日本へ来ましたか」というのはずいぶん失礼な感じがしませんか。「何のために来たの。意味ないよ。早く帰れば」といった具合です。学習者は「どうして」と質問された時、「〜からです」と答えると学習しています。ですから「何のために」が口にされる状況を伝えておく必要があります。

～んです　　　思いを伝える

:::::: STEP 1 ::

Q AとBの文を比べてください。Bの文を言う時、あなたはどんな気持ちですか。

A	B
「ハワイに行きます」	「ハワイに行くんです」
「どうしましたか」	「どうしたんですか」
「電車が遅れました」	「電車が遅れたんです」
「勉強しようと思いましたが」	「勉強しようと思ったんですが」

:::::: STEP 2 ::

Q 実際に【～んです】と言う場面はいつですか。STEP1をヒントに考えてみましょう。

:::::: STEP 3 ::

Q 次はよく学習者が言ってしまうことがある間違いです。こう言われた時どう訂正したらよいでしょうか。

1．（クラスで遠足に行った帰り際「今日は楽しかったですか」の問いかけに）
　　「先生、今日はとても楽しかったんです！　さようなら」
2．（クラスに遅れてきた理由を）
　　「電車の事故があったんですから、遅れました」
3．（自己紹介で）
　　「はじめまして、私は韓国から来たんです」

::::: STEP 1 :::

　【～んです】はよく会話で使われる表現です。例えば今度の休みに念願かなってハワイに行けることになった、このはやる気持ちを誰かに「聞いてほしい」という時などは、「ねぇ、聞いて聞いて。今年の夏はハワイに行くんだ」などと言うのではないでしょうか。つまり【～んです】と言う時は、話し手の『言いたい』『自慢したい』という思いが含まれているということができます。

　そのほかの文はどうでしょうか。Ａの「どうしましたか」は、例えば医者が患者に言います。Ｂのように「どうしたんですか」とは言いません。「どうしたんですか」には「何があったのだ？」という驚きや意外な気持ちが含まれます。医者の発言としては不適切ですね。けれども知人が震えていたら「どうしたんですか」と聞くでしょう。「～んですか」は話し手の『興味がある』『知りたい』『聞きたい』思いがある時にも使うといえます。

　ほかにも、「電車が遅れたんです」のように「どうして～」と聞かれた時の答えとして『理由を説明』したり、「勉強しようと思ったんですが……」のように『前置き／言い訳』をしたりする時にも使います。この前置きの表現は円滑なコミュニケーションを行う上で重要なポイントとなりますので、中級以降の会話の表現としても取り上げて練習します。

::::: STEP 2 :::

　実際、私たちはどんな状況でどんな気持ちの時に【～んです】使っているのでしょう。学習者は、ＴＶや日本人と話している時など日常生活でよく聞くのに、いつ使うか今ひとつピンとこない、と言います。そこで授業では、例えば、約束した友達が待ち合わせの時間を過ぎても来ないので電話して理由を聞く／人が集まっているところで野次馬に理由を聞く／どうして昨日休んだの？　と聞かれて答える／彼氏に誕生日プレゼントで指輪を買ってもらったと自慢する／事務室へ行って質問する、などのように【～んです】を使う場面を具体的に提示した練習を多くするとよいでしょう。

::::: STEP 3 :::::

　学習者は言いたい！　言いたい！　という強い気持ちの時には【〜んです】使う、という解釈でこのように使ってしまうことがあります。しかし聞いたほうは「何が？　どのように？」と唐突に感じてしまいますね。

　【〜んです】はSTEP2の例のように、通常ではない特殊な事情や理由を説明する時に使われるので、1のように相手が予想できるような答えに使用した場合、受け手は違和感を覚えます。また、2のように学習者はよく「電車が遅れたんですから」などと言ってしまいますが、【〜んです】も「から」も理由を表すので2つ合わせてしまうと理由が強すぎて「あたりまえなのになんで知らないの」というメッセージとして伝わって、本当に伝えたい事が伝わらないという事態を招いてしまいます。ほかにも、3のように、韓国語学習者は会話中にこの【〜んです】を頻繁に使ってしまいがちです。これには2つの理由があると考えられます。ひとつは母語の干渉です。韓国語では婉曲表現には語尾に「N」をつけるそうです（「行く」は韓国語で「カダ」といいますが、婉曲表現では「カ　ン　ダ」となる）。これを日本語にも応用して、例えば目上の人には「新宿へ行きます」とは言わず、「新宿に行くんです」のように使ってしまうようです。もうひとつの理由は「言いやすさ」です。先にも述べましたが韓国語にも「ん」の音があり、これに「言いたい！」気持ちが強くある時はついつい【〜んです】を使ってしまうようです。

　【〜んです】は過剰に使用しすぎるとなんだか耳について押し付けがましいような気もしてしまいます。これらを避けるためにも、授業ではただ単に「ここで使ってはいけません」ではなく、日本人がこれを聞くとどんなニュアンスとして感じるかということを伝えていくとよいでしょう。

史上最恐のクラス（前編）

● ●

　以前、中国人ばかりの学校で教えていた時のこと。まるで毎日中国に出勤しているかのようであり、教室での共通語は中国語、外国人は中国人学生ではなく日本人教師の私だった。学校には素直でかわいい学習者から一癖も二癖もあるつわものまでそろっており、私は彼らに数年間、教師として鍛えられたのだ。

　ある日、教務主任がやってきて「今日からしばらくあるクラスを担当してほしい」と告げた。それは、「学校史上最恐」と教職員から敬遠されている中級1クラスのことで、その担任が突然辞めたためだった。クラスは学力や学習意欲が「最強」なのではなく、学習に臨む基本的な態度の悪さが「最恐」だったのである……。

　「う～」私は心の底から唸った。学期途中で担任が辞める……。担任は頭痛と胃痛が日ごと激しくなり、これ以上仕事を続けられなくなったのだ。ほかの教師によると、「最恐クラス」は男性14人、女性6人の計20名。王（仮名）という中国南方出身の学習者を中心に、授業中母語でおしゃべりをする、寝る、新聞・雑誌を読む、食べる、携帯電話で話す、特定の若い教師に対し授業をボイコットする、教師を無視する、教室に立てこもる……など目が点になるような、想像を絶する事件をたびたび起こしているという。

　しかし、担任の交代は突然で、それも「今日の今日」の話。私は途方にくれた。事情を聞いていた仲のよい先生が「がんばってね、胃薬はここにあるから大丈夫だよ！」と励ましてくれた。「代わってよ、先生！」と頼んでも「ダメダメ、私は心臓が弱いから」とニコニコしながらやんわり、でもきっぱりと断ってくる。

　5分後、私は校長、教務主任と一緒に教室に向かっていた。教室に入ると、校長がそれまでの担任が辞めたことを告げ、教務主任が私を紹介した。目上の人がいる時にはいたっておとなしいクラスである。ところが、校長と主任が教室を出た2分後。どこからか中国語で大きな声があがった。どっとクラスが湧いた。その瞬間、クラスはまさに「最恐」へと変身したのである……。

『史上最恐のクラス（後編）』（P.238）へ続く

ＡよりＢのほうが　　白・黒はっきりさせたい時に……

:::::: STEP 1 ::::::

Q【ＡよりＢのほうが】という比較を教える時に、どのような質問文を使うといい
でしょうか。次の３つから選んでください。また、なぜそれがいいのか、ほかの
文との違いを考えましょう。

　A　沖縄と北海道と、どちらのほうが好きですか。

　B　富士山とエベレストと、どちらのほうが高いですか。

　C　寿司と天ぷらと、どちらのほうがおいしいですか。

:::::: STEP 2 ::::::

Q「山田さんと小林さんと、どちらのほうが背が高いですか」の質問に対して、「小
林さんのほうが背が高いです」とは言いますが、「山田さんより小林さんのほうが、
背が高いです」とは言いません。では、「山田さんより小林さんのほうが、背が高
いです」というのはどのような問いかけに対しての答えでしょうか。

:::::: STEP 3 ::::::

Q初級では【ＡよりＢのほうが】のほかに「ＡはＢほど」という表現も教えます。
次の文の中で「ＡはＢほど」で正しく表されているのはどれか選んでください。

　A　日本は中国ほど大きくない。

　B　今日は昨日ほど寒くない（今日５℃　昨日２℃）。

　C　信濃川はナイル川ほど長くない。

　D　小田急線は山手線ほど混んでいない。

確認しましょう

STEP 1

　日本語の比較の文とほかの言語の比較では語順が逆の場合があります。そのため、「好き」や「おいしい」のように学習者によって異なる答えが出てしまう例文では、どのような語順で答えればいいのかわかりにくくなってしまいます。

　ですから、富士山とエベレストのように「そんなわかりきったことを……」と思われる文のほうが、答えがはっきりとしている点で比較を導入する時には適しています。また、質問に対する答えでは「Aより」の部分は文頭にありますが、会話では省略するのが普通ですので、そのことにも触れておきましょう。

STEP 2

　「山田さんと小林さんと、どちらのほうが背が高いですか」では、2つの選択肢の中から選ぶわけですから、「山田さんのほうが背が高い」に「小林さんより」をつけるとくどくなってしまいます。では実際には、どのような時に使われるのでしょうか。

　A：山田さんって、背、高いよね。一番高いんじゃない？
　B：山田さん？　山田さんより小林さんのほうが高いってば！

　「山田さんのほうが背が高い」というAの意見を受けて自分の意見を述べる場合には、「山田さんより」と相手の意見を打ち消すことで、自分の意見をより強く出すことができます。自分の意見を採用してほしい時や、もっといいアドバイスがある時などに効果的な表現なので、学習者にもその2つ（選択か、自分の意見のアピールか）の状況を提示し、くどい表現にならないように気を付けるとよいでしょう。

:::: STEP 3 ::

　BとDは、比較している2つはどちらも同じぐらい寒い、または混んでいるということに気が付いたでしょうか。「Bほど〜ない」の比較は、「その2つの程度は同じぐらいだが、あえて言うならやや劣るのは……」ということを言いたい文型です。逆に言えば、A、Cのように歴然と差があるものには使わないのです。

　教え方としてはまず、昨日はとても暑かったことを学習者全員に再確認します。そして、中心となる部分を提示します。「今日は暑くない」（学習者からは暑いじゃないか、と反論が出る。そこで）「昨日ほど暑くない」と言います。今日も暑いが、昨日と比較すると「暑くない」のです。「Bほど〜ない」では、文末が否定になるということに気を付けて教えるとよいでしょう。

史上最恐のクラス（後編）

●●●●●●●●●●●●●●●●●●●●●●●●●●●●●●●●●●●●

　「史上最恐クラス」を担当してわずか3日目、事件は起こった。

　その日、リーダー格の王（仮名）は、授業中にパンを食べ、ジュースを飲み、雑誌を読んでいた。雑誌がよほどおもしろかったのか、小声で笑っている。回りの学習者も一緒になって雑誌を覗き込んでいる始末……。

　日本語教師も人間である。気が付くと私は爆発していた。

　「王さん、何してる？」私は大きな声で、中国語で言った。王は突然中国語で注意され驚いたのか、口をぽかんと開けて固まっている。「あなたは何のために留学したの？　教室でパンを食べるため？」もう誰にも止められない。先輩直伝、1年に1回限り、中国人学生用の最終兵器の出番である。

　「あなたの両親はあなたを留学させるためにどれだけ努力したか。両親に申し訳ないと思わないの？」

　「……」中国人はみな家族思いである。教室に静寂が訪れた。王の大きい身体が、縮こまって小さく見えた。

　その後、王は若干静かになった。加えてもっと嬉しい変化も。クラス数人が「進学希望なので、実はまじめに勉強したい」と申し出てきたのである。これは絶好のチャンス！　クラスをどうにか改善すべく彼らと一緒に検討を重ね、2つの案をまとめることができた。1つ、私の担当する授業では机を使わず、丸くなってグループワークを多くすること。2つ、クラスのルールを学習者自身が作り、決めたルールは守ること。これらを実践するうち、積極的に授業に参加する学習者が増えたのである。もちろんクラスは相変わらずにぎやかで、寝ている者もいたが、それは確実な変化であった。

　当の王は、ほどなく学校を去ることになった。「先生、日本で運転免許をとった。だから国に帰ります。先生、じゃ、また。再見！」あっけらかんとした別れであった。

　私は、ここで本当に多くのことを学んだ。クラスの環境を整えるリーダーは教師だということ。そして、教師だけががんばるのではなく、学習者にも協力してもらえれば非常に心強いこと、などである。

　「史上最恐のクラス」を担当して以来、私はあまり怖いと思うクラスに出会っていない。これも、私が得た収穫の一つなのだろう……。

参考文献

・庵功雄、高梨信乃、中西久実子、山田敏弘著　『初級を教える人のための日本語文法ハンドブック』　2000　スリーエーネットワーク

・金山宣夫著　『世界20カ国ノンバーバル事典　新装版』　1983　研究社

・金田一春彦他編　『新明解古語辞典　第三版』　1995　三省堂

・高見澤孟、伊藤博文、ハント蔭山裕子、池田悠子、西川寿美著　『はじめての日本語教育　［基本用語事典］』　1997　アスク

・寺田和子、三上京子、山形美保子、和栗雅子著　『「どうやって教える？」にお答えします　日本語の教え方ABC』　1998　アルク

・新村出編　『広辞苑　第二版』　1969　岩波書店

・日本語教育学会編　『日本語教育事典　縮刷版』　1982　大修館書店

・東中川かほる、東雲裕子著　『独りで学べる日本語文法』　1996　インターンシッププログラムズ

・堀井令以知編　『語源大辞典』　1988　東京堂出版

著者紹介

■ **編著**
K.A.I.T.

■ **学校紹介**
　1987年設立の日本語学校。あらゆるバックグラウンドの人々が、日本語で相互理解することを最大の目標に掲げ、日々40ヶ国以上から集まった日本語学習者への指導にあたる。また、学生カウンセリングや母語別オリエンテーション、日本人との日本語交流プログラムなど、心のケアや人間関係に注目したプログラムに力を入れている。

■ **総合監修**
　山本弘子（カイ日本語スクール代表）

■ **本編執筆者**

倉本文子【監修】	(14,16,58)	増田アヤ子【監修】	(2,6,9,59)
アルバーディング聖子	(38)	大森雅美	(3,17,25,26,29〜33,35,37,40,42,44〜46,53,55〜57)
小野田知子	(36,39,47,51,60)	加藤奈緒美	(36,39,47,51,60)
桑原里奈	(8,9,12,27,34,43)	鴻野豊子	(25,26,29,31,32,37,40,42,44〜46,48,53,55,57)
齋藤仁志	(10,11,13,24)	鈴木忍	(28,61)
沼崎邦子	(19,22)	野口百合英	(8,12,27,34,43,50)
平井里美	(5,15)	深澤道子	(交流分析)
松井玲子	(1,8,12,20,23,27,34,41,43,49,52,54)	松尾恵美	(交流分析,7,21)
松本直美	(4,18)	宮崎恭子	(1,8,12,20,23,27,34,41,43,49,50,52,54)
渡辺恵美	(8,9,12,27,34,43)		

■ **コラム執筆者**

アルバーディング聖子	(27)	飯塚雅美	(3,4,7〜10,38,39)
大森雅美	(18〜20,23)	河北祐子	(13,21,31)
桑原里奈	(25,30)	鴻野豊子	(32)
児崎静佳	(28)	齋藤仁志	(11,29,35)
高木八穂子	(16,17)	中野慧理	(1)
沼崎邦子	(26,33)	羽田雅美	(37)
平井里美	(12)	深澤道子	(5,14)
増田アヤ子	(2,6)	松井玲子	(30)
松尾恵美	(36)	松本直美	(15)
森山光伸	(24)	山本弘子	(22,34)
吉本恵子	(40,41)		

■ **CHAPTER1「交流分析」テスト監修、執筆協力**
金井まゆみ
　ＧＴＢオフィス代表。日本交流分析協会准教授。国内をはじめ、海外でも研修、講演、セミナー開催など活動の幅は広い。書籍・雑誌の企画協力や監修なども精力的に行っている。また、精神科での臨床経験を生かしたカウンセリングには定評がある。